RAUM für Kinder

Haupt

Sam Scarborough

RAUM
für Kinder

20 kreative Projekte
für drinnen und draußen

Haupt
Bern • Stuttgart • Wien

Die englische Originalausgabe erschien 2009 unter dem Titel *COOL SPACES for kids* bei Hamlyn, einem Unternehmen der Octopus Publishing Group Ltd, GB-London

Aus dem Englischen übersetzt von Lina Feske, D-Berlin
Redaktion der deutschen Ausgabe: Ute Orth, D-Freiburg
Satz der deutschen Ausgabe: Die Werkstatt, D-Göttingen

Bibliografische Information der Deutschen Nationalbibliothek:
Die Deutsche Nationalbibliothek verzeichnet diese Publikation in der Deutschen Nationalbibliografie; detaillierte bibliografische Daten sind im Internet über http://dnb.d-nb.de abrufbar.

ISBN 978-3-258-60008-6

Wünschen Sie regelmäßig Informationen über unsere neuen Kunsthandwerk-Titel? Möchten Sie uns zu einem Buch ein Feedback geben? Haben Sie Anregungen für unser Programm? Dann besuchen Sie uns bitte im Internet auf www.haupt.ch.
Dort finden Sie aktuelle Informationen zu unseren Neuerscheinungen und können unseren Newsletter erhalten.

Inhalt

Einleitung

Dieses Buch ist ein wahres Spielkabinett – wenn Sie die Türen öffnen, entdecken Sie eine völlig neue Welt. Treten Sie ein und lassen sich anstecken! Hier schulen Sie Ihren Blick für das gestalterische Potenzial, das in jedem Quadratzentimeter Ihres Zuhauses schlummert. Lassen Sie sich überraschen, wie einfach es ist, Ihren Kindern den Freiraum zu verschaffen, den sie für Spaß und Spiel brauchen!

Kinder blühen in einem kreativen Umfeld regelrecht auf. Es ist so einfach, sie damit zu verwöhnen! Dieses Buch zeigt Ihnen, wie Sie Ihre gewohnte Umgebung in Orte verwandeln können, die Ihren Kindern beim Spielen Raum zum Erkunden geben und ihre Fantasie anregen. Unter den 20 vorgestellten „Spielräumen" finden Sie garantiert jede Menge mitreißende Beispiele, wie Sie drinnen und draußen das Beste aus Ihren Räumlichkeiten machen können: gemeinsame Kinderzimmer, Spielecken in Haus und Garten oder Verstecke unter der Treppe. Die Ideen reichen von einfachen Projekten wie hängenden Stauflächen bis hin zur Umgestaltung eines Geräteschuppens in ein kindgerechtes Minispielhaus.

Hier finden Sie kreative Lösungen sowohl für Tummelplätze zum Toben wie auch für Oasen zum Lernen. Alle Projekte lassen sich mühelos abwandeln und an Ihre räumlichen Gegebenheiten und die Bedürfnisse Ihrer Kinder anpassen. Oft sind es die kleinen Einfälle, die die größte Wirkung haben. So können Sie beispielsweise bisher unbeachtete Ecken für Ihre Kinder nutzbar machen und in Spielbereiche mit geradezu magischer Anziehungskraft verwandeln. Die Gestaltungsideen in diesem Buch sind in der Regel einfach gehalten, preiswert und originell. Sie lassen einen simplen Platz am Fußboden zu einer wahren Insel werden, die stundenlangen Spaß am Spielen garantiert.

Bei den Kindern von heute muss ständig etwas los sein und oft besteht ihre einzige spannende Unterhaltung aus ununterbrochenem Fernsehkonsum oder fantasielosen Spielen. Dieses Buch will den unschuldigen Zauber des aktiven Spielens, das Kinder dazu anregt, spannende Spiele selbst zu erfinden, wieder zum Leben erwecken und wir Erwachsenen können dann mit stillem Vergnügen den köstlichen Gesprächen und Einfällen aus dem Inneren eines improvisierten Gartenzelts oder hinter dem Puppentheater im Türrahmen lauschen.

Ich bin selbst in einem kreativen Zuhause groß geworden und habe das Glück einer Kindheit voller Spiel und Spaß erlebt. Bei der Gestaltung der Projekte für dieses Buch stand meine Mutter Annette Pate und leistete tatkräftige Hilfe bei ihrer praktischen Umsetzung. Meine Tochter Georgi hat schließlich alles ausprobiert. Dadurch, dass ich all das für sie entworfen und umgesetzt habe, konnte ich miterleben, wie sehr sich ein Kind Stunde um Stunde mit den einfachsten Spielsachen oder Spielen vergnügen kann. Mögen Sie in *Raum für Kinder* genügend Ermutigung und Anreiz finden, es mir nachzutun!

1 Spielräume im Freien

Spielhaus

Wenn Sie Ihre Kinder vom Fernseher weglocken wollen, gibt es nichts Besseres als ein eigenes Minispielhaus im Garten. Ganz gleich ob Sie dafür einen alten Geräteschuppen umgestalten oder ein neues Spielhaus kaufen, es macht einfach Spaß, daraus den idealen Tummelplatz im Freien zu kreieren!

Dieses Projekt ist zugegebenermaßen mit etwas Zeitaufwand verbunden, aber alle Beteiligten werden einen Riesenspaß dabei haben. Wenn Sie einen alten Geräteschuppen umfunktionieren wollen, stellen Sie zunächst sicher, dass das Dach dicht ist, damit Sie darin einen Teppich auslegen und Bücher sowie Spielsachen nach einem langen Spieltag getrost liegen lassen können. Bei der Gestaltung können Sie Ihrer Fantasie freien Lauf lassen. Vielleicht soll Ihr Spielhaus auf Stelzen stehen und wie ein richtiges Geheimversteck nur über eine Leiter erreichbar sein. Die Fläche darunter bietet Ihnen praktischen Stauraum für Fahrräder, Roller oder andere sperrige Gegenstände. Damit daraus ein echtes Spielhaus wird, können Sie **Windräder** aufstellen (siehe Seite 16) und Kästen mit farbenfrohen Blumen anbringen, die die Kinder dann selbst gießen. Befestigen Sie an der Vorderseite **Klappläden** für vielerlei fantasievolle Spiele (siehe Seite 14) und schaffen Sie ganz in der Nähe einen **Picknickplatz** zum Bewirten der Familie und von Freunden. Bei einer solchen Fülle von Attraktionen werden Ihre Kinder garantiert stundenlang beschäftigt sein.

Klappläden – So wird's gemacht

Fensterläden an ein Spielhaus anzubringen ist ein Kinderspiel: Hängen Sie einfach den vorhandenen Fensterflügel aus und montieren stattdessen zwei Platten an den Rahmen, die sich mit einem einfachen Riegel zusammenfügen lassen. In unserem Beispiel können die Läden nach oben und unten geklappt werden. Geöffnet bildet die untere Klappe die Verkaufsfläche eines Kaufladens, während sich die zweite Hälfte als Werbetafel nach oben stellen lässt.

Das brauchen Sie

Leichtholzplatte in Fenstergröße
Maßband
Bleistift
Säge
Lackfarbe
Tafelfarbe
Pinsel
Bohrmaschine
4 Scharniere mit Schrauben
Schraubenzieher
Metallkette, 1 Meter lang
4 große Ringhaken
1 Riegel mit Schrauben

1) Nehmen Sie Maß für das Holz und sägen Sie es für zwei Fensterläden zu, die sich nach oben und unten aufklappen lassen. Streichen Sie die Außenseiten der Läden passend zur Farbe des Spielhauses an und die Innenseite der oberen Klappe mit Tafelfarbe. Befestigen Sie beide Platten mit Scharnieren am Haus. Die Löcher dafür sollten Sie vorbohren.

2) Messen Sie zwei gleichlange Metallketten zum Aufklappen der unteren Lade ab. Befestigen Sie jeweils ein Ende einer Kette an der oberen Ecke der Lade und das andere mit Ringhaken am Fensterrahmen des Hauses; die Löcher dafür wieder vorbohren. Die Ketten sollten so lang sein, dass die Klappe in geöffnetem Zustand waagerecht gehalten wird und so eine Ablagefläche bildet.

3) Schrauben Sie den oberen Teil des Riegels von außen an die obere Klappe und den unteren Teil so von außen an die untere Klappe, dass sich die Fensterläden fest verschließen lassen. Die Löcher für den Riegel bohren Sie wieder vor. Der Riegel sollte einfach zu bedienen sein, damit Ihre Kinder die Fensterläden selbst öffnen und schließen können.

Nähen Sie einen Theatervorhang für das Spielhaus. Schneiden Sie dafür einfach zwei Bahnen eines leichten Stoffs zu und säumen die Ober- und Unterkanten. Ziehen Sie elastische Vorhangschnur oder Gummiband durch einen der Säume und befestigen die Schnur an Ringhaken, die Sie an der Innenseite des Fensterrahmens anbringen. Wenn Sie den Stoff mit einer Zackenschere zuschneiden, können Sie sich das Versäubern der Kanten ersparen.

Weisen Sie den Weg zu dem Spielhaus mit einem selbst gebastelten Schild. Verwenden Sie dafür die Vorlage von Seite 124 und schneiden die Form aus einem Stück Hartpappe zu. Dieses nageln Sie an einen stabilen Stock oder Ast und grundieren es mit einer neutralen Farbe. Die Farbe trocknen lassen, bevor Sie mit Permanentstift oder einer dunkleren Farbe den Namen Ihres Kindes oder einen Richtungspfeil darauf malen. Wenn Sie keinen geeigneten Stock oder Ast finden können, befestigen Sie das Schild einfach an der Seitenwand des Spielhauses.

Windräder – So wird's gemacht

Windräder sind herrlich nostalgisch und geben eine wunderbare Dekoration für Ihr Spielhaus ab. Mit einer Reihe von ihnen – vor dem Fenster oder am Weg zum Haus – können Sie bunte Farbtupfer setzen.

Das brauchen Sie

bunte Kunststofffolie, 15 x 15 cm groß
Lineal
Stift
Bastelschere
Klebeband
Reißzwecken
Perlen
dünne Holzstäbe
Hammer

1) Zeichnen und schneiden Sie von jeder Ecke des Quadrats aus in Richtung Mitte einen 8 cm langen Einschnitt (siehe oben).

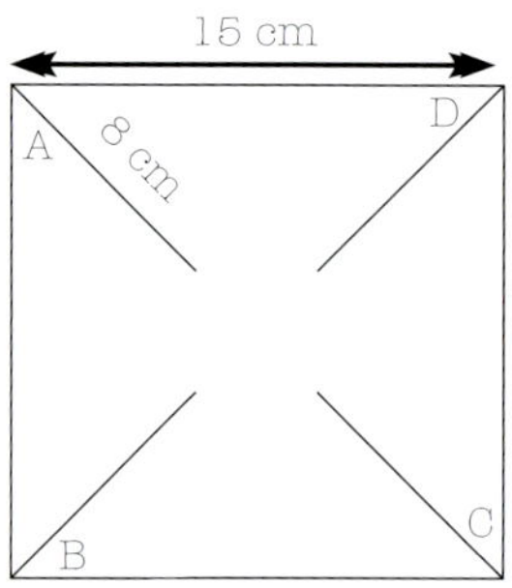

2) Legen Sie nun jede zweite Ecke (in der Abbildung oben mit A, B, C, D gekennzeichnet) zur Mitte um und befestigen alle vier Ecken im Mittelpunkt des Quadrats mit Klebeband.

3) Die Reißzwecke durch das Klebeband hindurch genau in der Mitte des Quadrats platzieren, an der Rückseite eine Perle auf ihre Spitze stecken und diese in den Stab drücken. Helfen Sie, wenn nötig, etwas mit einem Hammer nach. Die Perle schafft zwischen Windrad und Holz einen Abstand, durch den es sich leichter dreht.

4) Jetzt können Sie das Klebeband abziehen und halten eine rotierende Blüte in den Händen, mit der sich der Garten des Spielhauses prima schmücken lässt. Verwenden Sie am besten Kunststofffolie in kontrastreichen Farben und schneiden die Kanten der Windradflügel in unterschiedlichen Formen zu. So gleicht kein Rad dem anderen.

Picknickplatz – So wird's gemacht

Das Recyceln alter Baumstümpfe oder Holzblöcke macht die Gestaltung eines Picknickplatzes, der Ihnen jede Menge vergnügter Stunden bescheren wird, preisgünstig und unkompliziert. Bemalen Sie das Holz einfach in frischen Trendfarben und stiften für die Teekränzchen und Picknicks die passende Tischdecke.

1) Entfernen Sie mit Hammer und Meißel die Rinde des Baumstamms und schleifen vor dem Anstrich die rauen Stellen an der Oberfläche glatt.

2) Tragen Sie zwei Farbschichten auf und lassen beide gut durchtrocknen. Lustig sehen Sitzhocker mit bunten Streifen oder Punkten aus.

3) Bearbeiten Sie die Tischplatte auf die gleiche Weise und nageln Tischplatte und Fuß anschließend zur Sicherheit zusammen.

Das brauchen Sie

4 Holzblöcke für die Sitzhocker, ungefähr 35 cm hoch
Holzblock für den Tisch, ungefähr 57 cm hoch
runde Holzplatte, Ø ungefähr 82 cm, etwa 2,5–5 cm dick
Hammer
Meißel
Sandpapier
Lack in unterschiedlichen Farben
Pinsel
4 lange Nägel

Hängen Sie ein Vogelhäuschen an einen Baum in der Nähe und befüllen es mit Vogelfutter. So können Ihre Kinder die Vögel beobachten, wenn sie mucksmäuschenstill in ihrem Spielhaus Ausschau halten.

Verschönern Sie die Fensterläden mit einer Verzierung aus Holz oder durch Herausschneiden von Gucklöchern: in Herzchenform für Mädchen und rautenförmig für Jungen.

Stellen Sie eine Fahnenstange auf und befestigen daran eine Zugschnur, mit der sich Ihre Kinder über Signalfähnchen bemerkbar machen können. Verwenden Sie dazu unifarbenen Stoff und malen Symbole wie etwa ein Apfel oder ein Butterbrot für unterschiedliche Botschaften darauf.

Zaubergarten

Ein verborgener Zaubergarten ist ein besonderes Highlight. Schon in wenigen Stunden können Sie gemeinsam mit Ihren Kindern eine herrliche Fantasiewelt erschaffen. Oder Sie fangen mit ein paar Gegenständen an und fügen nach und nach weitere hinzu.

Dies ist das perfekte Projekt für die Sommerferien oder die Zeit nach Ihrem Umzug. Schicken Sie Ihre Kinder doch einmal mit anderen Augen durch den Garten, indem Sie sie auffordern, sich einen Platz für einen Zaubergarten auszusuchen. Dort soll ihr eigenes kleines Reich entstehen – mit in der Sonne blitzenden Perlenvorhängen, Lämpchen und **Windspielen** (siehe Seite 20). Das ist für Sie die Gelegenheit, die Ansammlung von hübschen Anhängern, Perlen und Knöpfen zum Einsatz zu bringen, die Kinder so gerne horten, und sich an die vergnügliche Aufgabe zu machen, Hängedekorationen für den Garten zu basteln. Versuchen Sie Elfen, Zauberer und Einhörner aus Porzellan aufzutreiben und lassen Sie sie in dieser magischen Welt zu neuem Leben erwachen.

Installieren Sie ein Wasserspiel, wenn Sie mögen. Kinder lieben Fontänen, sie sind eine wunderbare Alternative zu einem festen Wasserbecken. Kein Kind kann ihnen an heißen Sommertagen widerstehen. Aber auch ein simples Vogelbecken tut es: für den Zauberglanz sorgt ein am Boden ausgelegtes Mosaik aus flachen Glas- und Spiegelsteinen.

Ist Ihr Zaubergarten erst einmal in die Tat umgesetzt, können Sie später noch einen schmalen Pfad anlegen. Eine beliebte Alternative dazu wäre eine Holzbrücke – als Übergang zu der geheimen Zauberwelt Ihrer Kinder.

Solarlämpchen oder Kerzen an Stäben, die natürlich nur unter Ihrer Aufsicht angezündet werden, runden das Bild ab und machen Ihren Garten in der Abenddämmerung zu einem besonders stimmungsvollen Ort.

Windspiel mit Glocken – So wird's gemacht

Der harmonische Klang sanfter Glockentöne bereichert Ihren Zaubergarten um die auditive Komponente und wirkt wunderbar beruhigend auf kleinere Kinder. Glockenspiele sind einfach herzustellen und können – an einen Baum oder Stab gehängt – den Eingang Ihres Gartens schmücken.

Das brauchen Sie

Schnur oder Band
Schere
dünnen Zweig oder Stöckchen
Glöckchen in unterschiedlichen Größen

1) Schneiden Sie ein Stück Schnur oder Band zu und knoten die Enden für die Aufhängung des Windspiels rechts und links um einen Ast oder ein Stöckchen.

2) Schneiden Sie für jede Glocke ein weiteres Stück Schnur oder Band ab. Hängen Sie die Glocken daran und binden die Schnüre jeweils einzeln und mit etwas Abstand voneinander an den Ast.

3) Ordnen Sie die Abstände dabei so an, dass sich die Glocken im Wind berühren.

Perlmutt-Mobile. Fädeln Sie Muscheln oder Schneckenhäuser auf eine Schnur, die Sie an einem Holzbügel oder Zweig befestigen. Die Löcher bekommen Sie in die Muscheln, indem Sie einen Schraubenzieher an einer dünnen Stelle ansetzen und leicht mit einem Hammer dagegen schlagen. Damit die Muscheln oder Schneckenhäuser nicht an der Schnur herunterrutschen, binden Sie nach jedem Mobileteil einen Knoten, den Sie möglichst im Inneren des Gehäuses verbergen.

Feenlaternen sind im Handumdrehen gemacht: Binden Sie einfach lange Flatterbänder an eine Gartenlaterne und setzen anstelle der Kerze eine Elfenfigur hinein. Am Eingang Ihres Zaubergartens aufgehängt, wird so fortan jeder Gast von einem „Schutzengel" willkommen geheißen.

Recyceln Sie alten Schmuck oder suchen Sie in dem Perlenladen in Ihrer Nähe nach hübschen Perlen, Kristallen und glitzernden Spiegelchen, die Sie auf Nylonschnüre auffädeln können. Schneiden Sie aus farbigen Plastik-Registerblättern oder irgendeiner hübschen Plastikfolie Schmetterlinge zurecht und fügen diese zwischen den Perlen und Spiegeln ein. Der unsichtbare Nylonfaden lässt die Schmetterlinge in der Luft flattern. Besonders hübsch macht sich eine ganze Reihe glitzernder Schnüre. Dekorieren Sie damit den gesamten Zaubergarten oder den Bereich über dem Eingang.

Baumhäuser

Nehmen Sie sich doch einmal die Zeit, mit ihren Kindern gemeinsam ein massives Baumhaus zu bauen. Es muss gar nicht so super aufwendig, besonders abenteuerlich oder kompliziert sein. Eine erhöhte Plattform mit einer Leiter reicht schon völlig aus. Als i-Tüpfelchen können Sie es mit einer Fahne oder einem Wetterhahn versehen.

Gemeinsam planen. Lassen Sie sich für das Planen mit Ihren Kindern Zeit, denn das stärkt das Gemeinschaftsgefühl. Gehen Sie es langsam an und beteiligen die Kinder an jedem Schritt. Fordern Sie sie auf, ein Bild von ihrem Traumhaus zu malen und beziehen die Ergebnisse in Ihre Pläne ein! Bestücken Sie, wenn es ans Bauen geht, einen alten Werkzeugkoffer mit einfachem Werkzeug, sodass die Kinder auch daran teilhaben können.

Gemeinsam bauen. Ihrer Kreativität sind hier keine Grenzen gesetzt, Sie können geheime Falltüren einbauen oder feste Trittleitern für die Kleinen und Hängeleitern für geübte Kletterkünstler hinzufügen. Wenn es Ihnen hilft, das Treiben Ihrer Kinder gelassener zu nehmen, bringen Sie Sicherheitsnetze an den Seiten oder an der Plattform an. So können sich auch die Kinder ganz ihrer Fantasiewelt überlassen.

Gemeinsam einrichten. Wenn Ihr Baumhaus ein Dach hat, können Sie es richtig einrichten. Nähen Sie Vorhänge, bringen Fensterläden und Blumenkästen an, machen Sie es mit Sitzkissen und Decken gemütlich. Durchforsten Sie Ihre Garage nach den Campingsachen und schaffen Isomatten und Schlafsäcke in das Baumhaus. Ältere Kinder wollen vielleicht auch ihre Bücher und Musik mit hinaufnehmen.

Schaukeln und Rutschen. Installieren Sie für endloses Hin- und Hersausen quer durch den Garten eine Seilrutsche. Binden Sie dazu geknotete Seile zum Hoch- und Runterhangeln an Äste. Konstruieren Sie Hängebrücken oder Bretterwege. Auch Schaukeln oder Rutschen sind für Kinder jeden Alters einfach unwiderstehlich.

Schilder und Flaschenzüge. Setzen Sie noch eins drauf und machen weiter mit bemalten Schildern und einem Briefkasten. Oder spendieren Sie Ihren Kindern einen Picknickkorb und zeigen ihnen, wie sie mit ihm über einen Flaschenzug kleine Mahlzeiten für zwischendurch oder die Bücher und andere Spielsachen nach oben ziehen beziehungsweise herunterlassen können.

Ein Baumhaus errichten, ohne dem Baum zu schaden. Verwenden Sie für die Stabilität und das Ausbalancieren der Plattform Seile sowie Pflöcke oder Keile aus Holz. Verwerten Sie kleine Äste, die Sie ohnehin entfernen müssten, später für Leitern und Geländer. Heben Sie alle übrigen Holzblöcke und größeren Äste auf, denn Kinder lieben es, auf ihnen balancieren zu üben, von Block zu Block zu springen, sie wegzurollen oder sich einfach zu Tagträumereien darauf niederzulassen. Arrangieren Sie sie in einer Reihe oder zu einem Kreis: Sie werden staunen, wie viel Spaß Ihre Kinder damit haben.

Gemüsegarten

Schaffen Sie einen Platz in Ihrem Garten, wo Ihre Kinder mit dem Anpflanzen von Kräutern und Gemüse experimentieren können. Gärtnern ist ein lohnendes Gemeinschaftsprojekt, das sogar dazu führen kann, dass Ihre Kinder mehr Appetit auf gesundes „Grünzeug“ bekommen.

Die meisten Kräuter und Gemüsearten gedeihen an sonnigen Plätzen am besten, andere wie Salat wachsen im Halbschatten schneller. Behalten Sie dies im Hinterkopf, wenn Sie die Stelle für das Gemüsebeet auswählen. Ziehen Sie ein Gartenbuch zurate und schauen sich mit Ihren Kindern vor dem Besuch einer Gärtnerei Bilder von unterschiedlichen Gemüsesorten an.

Gemüseanbau

Wählen Sie aus, was Sie gerne anbauen und essen würden, und stellen danach Ihre Favoritenliste zusammen. Es ist immer gut, auch ein paar Setzlinge dabei zu haben, die schnell sichtbare Resultate erzielen wie Salat, Spinat und Kräuter. Und ergänzen Sie sie durch andere Sorten, die etwas länger zum Wachsen und Gedeihen brauchen wie beispielsweise Bohnen und Tomaten, aber dennoch sehr ertragreich sind und Ihnen beim Ernten viel Freude bereiten.

Lassen Sie sich in der Gärtnerei von einem Fachmann beraten, welche Pflanzen für Ihr Gemüsebeet am besten geeignet sind. Bereiten Sie dann zuerst die Erde für das Setzen vor, das garantiert die optimale Nährstoffversorgung und ein schnelleres Wachstum Ihrer Setzlinge, denn Ihre begeisterten kleinen Gärtner werden jeden Tag ungeduldig nach Fortschritten Ausschau halten.

Stellen Sie eine stets voll gefüllte Gießkanne daneben, damit Ihre Kinder animiert werden, ihre Pflänzchen regelmäßig zu hegen und zu pflegen. Laden Sie die ganze Freundesbande zur ersten Ernte ein und feiern gemeinsam die Freude an dem selbst Angebauten.

Kreisrundes Gemüsebeet – So wird's gemacht

Ein erstes Gemüsebeet nimmt nicht viel Platz weg. Beginnen Sie mit einem kleinen Bereich für maximal sechs Pflanzensorten. Wenn Ihre Kinder dann tatsächlich auf den Geschmack kommen, können Sie immer noch darüber nachdenken, ob Sie ihnen eine größere Fläche abtreten wollen.

1) Haben Sie sich für einen Platz in Ihrem Garten entschieden, treiben Sie den Holzpflock mit einem Hammer in die Mitte des vorgesehenen Beets. Binden Sie eine Schnur an den Pflock und entfernen sich mit der Schnur in der Hand soweit davon, bis Sie an die vorgesehene Grenze des Gemüsebeets gelangen. Schneiden Sie die Schnur an dieser Stelle ab. So erhalten Sie eine Richtschnur, mit der sich die Außengrenze des Beets in einem exakten Kreis bestimmen lässt. Gehen Sie dann mit der gestrafften Schnur um den Pflock herum und legen an ihrem Ende in regelmäßigen Abständen Muscheln oder Steine auf den Boden.

2) Beim Unterteilen des Beets in einzelne Segmente hilft Ihnen ebenfalls die Schnur. Spannen Sie sie am Boden vom Holzpflock in der Mitte aus zu einem x-beliebigen Punkt am Außenkreis und verteilen entlang der Schnur Muscheln, Rindenstückchen, Kieselsteine oder Zweige.

3) Die Kreissegmente durch Untergraben von Kompost und Wässern gut vorbereiten. Dann können die Setzlinge eingepflanzt und mit einer Gießkanne vorsichtig angegossen werden. Wir haben sechs verschiedene Gemüsesorten gepflanzt (in jedem Segment eine andere). Sie können diese aber ebenso gut auch mischen.

Das brauchen Sie

Holzpflock
Hammer
Schnur
Schere
bemalte Steine oder Muscheln
Rinde und Zweige
Spaten
Kompost (mindestens ausreichend, um die gesamte Fläche 5 cm tief mit einer Schicht davon zu bedecken)
Gießkanne
Gemüse- und Kräutersetzlinge

Mit Topfpflanzen können Sie auch im Hof einen Garten anlegen. Hübsch macht sich beispielsweise eine Reihe von Töpfen mit Sonnenblumen. Auf dem Balkon oder der Terrasse lassen sich Pflanztöpfe an einem Holzspalier auch hängend anbringen.

Recycelte Konservendosen sind prima Pflanztöpfe, die Sie mit aufgeklebten Muscheln oder Samen verschönern können – für einen besonders sonnigen Platz auf dem Fensterbrett.

Vogelscheuche – So wird's gemacht

Beim Aufstellen der Vogelscheuche können alle mithelfen. Die ganz Kleinen können Kopf und Körper mit Stroh ausstopfen und die Knöpfe für die Augen aussuchen, während die älteren Kinder noch fleißig ihr Beet umgraben und bepflanzen.

Das brauchen Sie

alte Kleidung (Hemd, Hose, Weste, Halstuch)
kurzen Holzstab
langen Holzpflock
Schnur
Schere
Stroh
hautfarbenen Strumpf
2 große Knöpfe
Stickgarn und Nadel
Hut
Holzhammer

1) Breiten Sie die Kleider für die Vogelscheuche flach auf dem Boden aus. Schieben Sie den kurzen Holzstab durch die Hemdsärmel und den langen durch die Halsöffnung und schnüren beide Stangen an ihrem Kreuzungspunkt mit reichlich Schnur fest zusammen.

2) Stopfen Sie nun die Hose mit Stroh aus und binden die Hosenbeine unten mit Schnur zusammen – ein wenig Stroh darf ruhig herausschauen. Ziehen Sie der Vogelscheuche die Hose an und stopfen das Hemd samt der Ärmel auf die gleiche Weise.

3) Dann wird der Strumpf für den großen runden Kopf fest mit Stroh ausgestopft. Nähen Sie als Augen Knöpfe auf und sticken anschließend Nase und Mund. Um den Kopf mit dem Körper der Vogelscheuche zu verbinden, stülpen Sie das offene Ende des Strumpfs von oben über die lange Stange und binden eine Schnur fest darum.

4) Das untere Ende des Holzpflocks rammen Sie mithilfe des Holzhammers fest in den Boden, damit die Vogelscheuche aufrecht steht. Zum Schluss wird die Vogelscheuche noch mit einem Hut gekrönt, und schon kann sie ihre Arbeit aufnehmen, nämlich Ihre neuen Setzlinge vor den Vögeln zu beschützen.

Als Zaun für Ihren Gemüsegarten eignen sich Holzstäbe oder Äste jeder Art. Ungleiche Längen und verschiedene Stärken verleihen ihm ein rustikales Aussehen. Legen Sie dazu einfach Ihre Längsstäbe am Boden in gleichmäßigen Abständen auf zwei waagerechte, lange Stäbe. Damit das Ganze zusammenhält, binden Sie alle oben und unten an den Kreuzungspunkten mit Schnur oder Draht fest zusammen.

Zum Geräteschuppen in Kindergröße lässt sich eine herkömmliche Einkaufstasche umfunktionieren. Auf die Vorderseite kommt mit Kleber eine praktische Außentasche für Samenpäckchen, und an ein paar große, extra aufgenähte Knöpfe können Sie die Gartengeräte hängen.

Für fabelhafte Ordnung unter all Ihren Gerätschaften, der Gartenschürze und der Gießkanne sorgt ein Spalier. Schrauben Sie dafür ein Holzgitter an die Wand und verteilen daran große Fleischerhaken so, dass Sie alles mühelos aufhängen können.

Gartenzelt

Frische Luft, lustige Spiele und das Leben in der freien Natur – das macht Kinder fröhlich und gesund. Kaum ein Kind wird „Nein“ sagen, wenn es die Gelegenheit bekommt, im Garten zu campieren. Ein einfaches Zelt in A-Form ist im Nu aufgeschlagen und ebenso schnell wieder weggeräumt. Es ist sowohl zum Spielen als auch bei Partys der Hit.

Sie werden staunen, was ein einfaches **Gartenzelt** Ihnen zu bieten hat (siehe Seite 32). Es ist der Garant für stundenlangen Spaß und fantasievolles Spielen an der frischen Luft, denn ausgestattet mit Puppen, deren Kleidern, mit Matratzen und allerlei Spielzeug oder mit allem Drum und Dran für ein Teddybären-Picknick ist es ein großartiger Ersatz für ein Spielhaus. Oder Sie planen es bei Partys als schattigen Rückzugsort ein und statten es mit einer Vielzahl von Kissen aus.

Die meisten Kinder werden unbedingt ausprobieren wollen, wie es ist, in ihrem Zelt zu übernachten. Dazu könnten Sie eine Wimpelkette, eine Isomatte, eine Matratze, Kissen und Decken, Laternen und einen Picknickkorb voller Leckereien für ein Mitternachtsmahl beisteuern. Noch zünftiger wird das Ganze an einem Grillabend, wenn Sie gemeinsam um das Lagerfeuer herumsitzen und die Sterne betrachten.

Gartenzelt in A-Form – So wird's gemacht

Dies ist eine der einfachsten Zeltkonstruktionen, die es gibt. Sie verspricht unbeschwerten Spaß, wo immer Sie das Zelt aufschlagen. Es ist bekannt als 7-Stangen-Zelt und besteht tatsächlich aus nichts weiter als Schnur, einer langen Stoffbahn und sieben Stangen.

1) Bauen Sie die Stangen mithilfe des Seils zum Grundgerüst zusammen (siehe Abbildung unten). Stabilisieren Sie die beiden oberen Kreuzungspunkte durch vier Zeltleinen, von denen Sie jeweils zwei auf jeder Seite des Gestänges befestigen und mit Zeltheringen im Boden verankern.

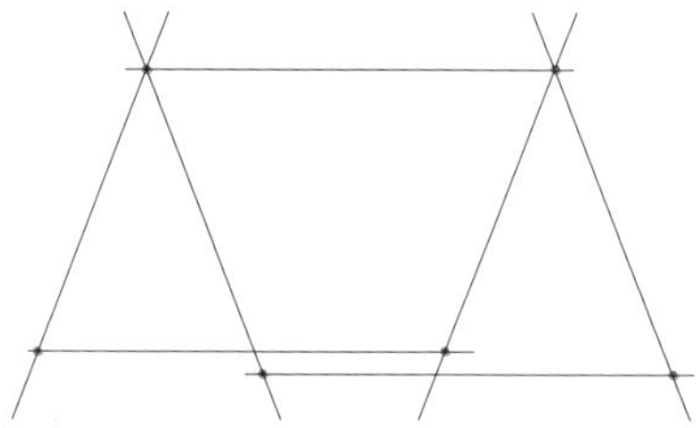

2) Legen Sie nun Ihren Stoff über das Gerüst und befestigen ihn mit Wäscheklammern an den Stangen. Kissen, Schlafsäcke und Decken können auch verwendet werden, um den Stoff an den Seiten zu straffen. Dazu den Stoff im Innern des Zelts einfach unter ihnen ausbreiten.

Das brauchen Sie

- 7 Holz- oder Bambusstangen von gleicher Länge
- Seil
- Schnur
- 4 Zeltheringe
- Hammer
- Stoffbahn
- Wäscheklammern

Kaufen Sie einen handelsüblichen Gartenpavillon und verkürzen die Eckstangen, damit Ihre Kinder es darin gemütlicher haben. Sein Aussehen können Sie mit einem Stoff in der Farbe Ihrer Wahl verändern, indem Sie einfach den neuen Stoff auf den vorhandenen nähen. Zum Schluss die Oberkanten mit Dreieckswimpeln verzieren (siehe dazu die Anleitung auf Seite 54).

2 Lieblings-plätze

Interaktives Wandbild

Ein Spielzimmer sollte so anregend und abwechslungsreich wie möglich gestaltet sein. Mit diesem Projekt erreicht die gute alte Wandmalerei eine neue Dimension: sie präsentiert sich interaktiv, taktil und so lebensnah wie nie zuvor.

Die Vorstellung, ein Wandbild in dieser Größe zu malen, mag Sie zunächst überfordern, aber es besteht aus ganz einfachen Elementen und Ihr Kind wird von dem Ergebnis so begeistert sein, dass es den Versuch auf jeden Fall wert ist! Der Trick dabei ist, das Ganze in Abschnitte zu unterteilen und einen nach dem anderen anzugehen (siehe Seite 40-41).

Fantasiewelten

Bunte Wandbilder regen die Fantasie Ihrer Kinder an. Dieses Projekt besticht durch sein detailreiches und interaktives Design. Wählen Sie ein Motto aus, das Ihrem Kind besonders gut gefällt: Spielzeug- oder Kinderkleiderladen, Eisenbahn oder Bauernhof. Alle diese Themen sind einfach großartig und können auf vielfältige Weise auf eine Altersgruppe oder eine bestimmte Raumgestaltung zugeschnitten werden. Lassen Sie Ihrer Fantasie freien Lauf! So wird das Design auch für Sie zu einem Vergnügen.

Kinder lieben es, mit einer Katze oder einem Hund zu spielen oder denken sich aus, in ihrem Zimmer einen Baum zu haben. Sie können sogar Vogelgezwitscher herbeizaubern und eine ganze Nachbarschaft mit richtigen Straßennamen und Hausnummern erfinden. Integrieren Sie all das doch einfach in Ihr Design.

Mit dem guten alten Overheadprojektor lässt sich Ihr Entwurf auf die Wand übertragen. Ansonsten können Sie Ihr Wandbild aber auch auf Pauspapier zeichnen, mithilfe eines Rasters unterteilen und so Abschnitt für Abschnitt auf die Wand kopieren.

Interaktives Wandbild – So wird's gemacht

Es gibt eine Vielzahl von Motiven für Ihr Wandbild. Für unser Projekt haben wir eine Straßenszene ausgewählt. Zu den „interaktiven" Elementen gehören Fensterläden, ein Lattenzaun, ein Briefkasten sowie Vögel und Tiere aus Filz.

Das brauchen Sie

Overheadprojektor und -folie oder Transparentpapier
Bleistift
Lineal
Kreide
abwaschbaren Seidenmattlack in verschiedenen Farben
Pinsel
Abdeckband (auch als „Masking Tape" im Handel)
Permanentmarker
handelsüblichen Lattenzaun (in einer Standardbreite von 1,80 m)
Kreis- oder Handsäge
Bohrmaschine
2 Scharniere mit Schrauben
Riegel mit Schrauben
Wandschrauben
Dübel
Schraubenzieher
vorgefertigten Briefkasten mit Aufhängung
Nägel
Hammer
Schubladenknauf
Alleskleber
2 vorgefertigte Fensterläden
2 Ringhaken
2 gesäumte Gardinen in der Größe des Fensters
Vorhangschnur in der Größe des Fensters
20 cm Klettband
runde LED-Campingleuchte
Abdecklack zum Versiegeln
25 cm schwarzen Stoff
2 Filzquadrate in unterschiedlichen Farben, ca. 21 x 21 cm groß
Schere

1) Wählen Sie eine Szenerie aus und zeichnen diese auf Overheadfolie. Dann das Bild an die Wand projizieren und so lange anpassen, bis Sie mit den Größenverhältnissen zufrieden sind (Sie werden nicht das gesamte Bild auf einmal auf den Projektor legen können). Zeichnen Sie die Umrisse zunächst nur mit Kreide, sie können später ausgemalt werden. Wiederholen Sie diesen Vorgang, bis alle Umrisse vollständig auf der vorgesehenen Wandfläche verteilt sind.

2) Wenn Sie keinen Overheadprojektor zur Verfügung haben, zeichnen Sie die Umrisse auf Transparentpapier und überziehen dann mithilfe von Bleistift

und Lineal das gesamte Bild mit einem Gitter. Ein sinnvoller Richtwert für die Rastergröße könnte dabei sein: ein Rasterquadrat von 5 cm auf dem Papier entspricht einem Quadrat von 50 cm an der Wand.
Übertragen Sie nun das Raster mit einem langen Lineal und Kreide auf die Wand, indem Sie das Bild auf Ihrer Vorlage Quadrat für Quadrat in das entsprechende Rasterquadrat an der Wand kopieren.

3) Malen Sie dann von links nach rechts zunächst nur die Umrisse Ihres Wandbilds. Halten Sie Abdeckband zum Zeichnen gerader Linien bereit und gleichen anschließend alle unordentlichen Linien mit einem Permanentmarker aus.

4) Zersägen Sie den Lattenzaun in drei Teile: ein Stück ist für das Tor gedacht und zwei für den Zaun rechts und links davon. Schrauben Sie an eine Seite des Tors zwei Scharniere

und verbinden diese mit einem Teil des Lattenzauns. Die Löcher dafür sollten Sie vorbohren. Legen Sie alle drei Teile auf den Boden, das Tor in die Mitte, und markieren die Bohrlöcher für den Riegel: einmal am Tor und zudem dort, wo er an den danebenliegenden Abschnitt des Lattenzauns angebracht werden soll. Bohren Sie die Löcher wieder vor und befestigen den Riegel mit Schrauben. Nach dem Zusammensetzen und einwandfreien Funktionieren befestigen Sie zuerst die seitlichen Teile des Lattenzauns an der Wand und anschließend das Tor. Verwenden Sie dafür Wandschrauben sowie Dübel und bohren die Löcher vor.

5) Dort wo der Briefkasten hängen soll, einen Nagel einschlagen und den Kasten daran aufhängen. Kleben Sie den Schubladenknauf an das Türchen und malen Ihre Hausnummer darauf. Sie können auch noch den Straßennamen hinzufügen, so lernt Ihr Kind gleich, ihn zu erkennen.

6) Schrauben Sie nun die Fensterläden an und drehen Ringhaken für die Gardinen fest (nach Möglichkeit so, dass man sie nicht sieht). Bohren Sie wieder alle Löcher vor. Anschließend die Vorhangschnur durch die Säume der beiden Gardinen ziehen und die Schnur mit Ringhaken befestigen.

7) Markieren Sie die Position der Sonne und malen sie auf. Schneiden Sie einen Streifen Klettband zu und kleben eine Seite davon mitten in die Sonne. Befestigen Sie den Gegenstreifen an der Rückseite der LED-Leuchte und hängen die Lampe an ihren Platz. (Die meisten Campingleuchten schalten sich bei Berührung automatisch ein.)

8) Versiegeln Sie Ihre Wandmalerei mit einem guten Abdecklack. So ist sie vollständig abwaschbar und vor Pannen oder kreativen Ergänzungen mit Stiften sicher.

9) Für den letzten Schliff kleben Sie noch Klettband an das Wandbild für eine Katze (aus dem schwarzen Stoff zuschneiden) sowie für Blätter, Blumen, Vögel und weitere Tiere oder andere Motive, die Sie hinzufügen wollen (diese aus Filz zuschneiden).

Kinderecke

Selbst wenn Sie wenig Platz haben, gibt es doch genügend Ideen für stilvolle Spielecken in jedem Teil Ihres Hauses. Reservieren Sie dafür in dem Raum, in dem Sie sich meistens selbst aufhalten, einen kleinen Bereich für die Kinder.

Die ganz Kleinen werden sich für einen eigenen Minitisch begeistern, an den sie leicht herankommen und auf dem sie ihre angefangenen Kunstwerke liegen lassen können, bis sie Stunden später wieder daran weitermachen wollen. Stellen Sie passende Stühle dazu, wie etwa Vintage-Kinderstühle oder einfache Holzstühle, denen Sie mit einer zu Ihrer Einrichtung passenden Farbe etwas Schwung verleihen. Schreiend bunten Plastikstühlen verpassen Sie einfach **Stuhlbezüge** aus robustem Jeansstoff (siehe Seite 44).

Die ideale Lösung für ältere Kinder sind zwei einfache Schaumstoffblöcke mit abnehmbaren Stoffbezügen, die genau unter eine ebenso simple Tischkonstruktion passen. Dieses Trio aus ein paar Grundelementen lässt sich Platz sparend und unauffällig an jeden Einrichtungsstil anpassen. Auch aus zwei Holzkisten lassen sich Sitzgelegenheiten herrichten. Sie bieten – mit einem aufklappbaren Deckel versehen – zudem noch wertvollen Stauraum.

Ergänzen Sie Ihre Kinderecke mit einer **Malwand** (siehe Seite 47) oder einer Tafel um ein weiteres kreatives Element. Halten Sie in der Nähe der Tafel immer Kreide und andere Malmaterialien griffbereit. Selbst ein dekorativer Wandbehang mit vielen Taschen ist eine prima Alternative: alles ist auf einen Blick zu sehen und für Kinder leicht erreichbar. Zu guter Letzt können Sie auch noch die Deckel der **Spielkisten** mit Tafelfarbe bemalen (siehe Seite 46) – eine wirklich lustige Variante!

Stuhlbezug – So wird's gemacht

Wenn Sie Plastikstühle im Wohnzimmer nicht ausstehen können, aber auf eine Kinderecke nicht verzichten wollen, beziehen Sie die Stühle doch einfach mit einem abnehmbaren, pflegeleichten Jeansstoff und versehen jeden Stuhl mit einem Fach für Malstifte, Papier, Lieblingsspielzeug und andere Schätze.

Das brauchen Sie

Zeitungspapier
Schneiderkreide
Schere
Jeansstoff, etwa 150 x 150 cm groß
Maßband
Stecknadeln
Nähnadel und farblich passendes Garn
Nähmaschine und farblich passendes Garn

1) Unser Schnitt ist für einen Standard-Kunststoffstuhl ohne Armlehnen vorgesehen, lässt sich aber auch für einen kleinen Holzstuhl oder eine ganz andere Stuhlform leicht abändern. Gehen Sie ans Werk, indem Sie aus Zeitungspapier in Anlehnung an Form und Abmessungen wie unten vorgegeben einen Schnitt anfertigen (siehe Abbildungen).

2) Für die Seiten des Stuhlbezugs brauchen Sie zwei Stücke Stoff. Den Schnitt dafür können Sie ganz leicht entwerfen, indem Sie ein Blatt Zeitungspapier an einer Stuhlseite festmachen und den Umriss des Stuhls mit Schneiderkreide anzeichnen (siehe Abbildung A). Achten Sie beim Zuschnitt der beiden Stoffstücke aber darauf, die Vorlage für eines von ihnen umzudrehen. Rings um die Ränder eine Nahtzugabe von 1 cm hinzufügen.

3) Die Rück- und Vorderseite sowie die Sitzfläche der Husse werden aus einem einzigen Stoffstreifen genäht. Beginnen Sie wieder mit einem Schnitt. Dabei können Sie sich an den Maßen der Seitenteile orientieren. Messen Sie die erforderliche Länge und Breite aus und geben an der Stelle, an der die Sitzfläche in die Rückenlehne übergeht, 1 cm zur Breite hinzu (siehe Abbildung B). Diese schmale Zugabe gleicht die leichte Vertiefung aus, die beim Sitzen entsteht. Anschließend den Stoff mit 1 cm Nahtzugabe zuschneiden.

4) Die beiden Seitenteile rechts auf rechts mit dem Hauptteil zusammenstecken und die Nähte von Hand heften. Dann mit der Maschine steppen und die Nähte versäubern. Den Bezug wenden und die Unterkante säumen. Bügeln und über den Stuhl ziehen.

A)

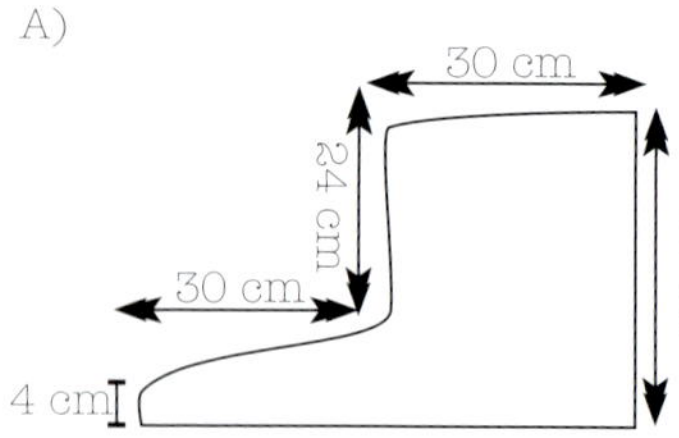

B)

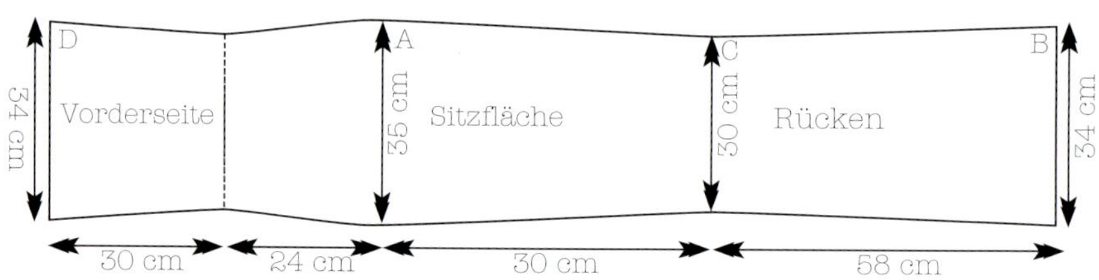

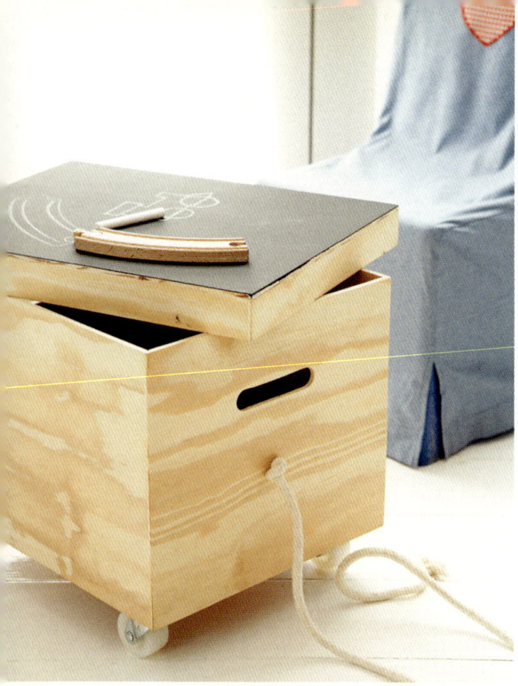

Tafel-Spielkiste mit viel Stauraum – So wird's gemacht

Kisten und Kästen sind die besten Platzsparer für kleine Räume, erst recht wenn sie auf Rollen stehen und man sie leicht von einem Raum in den anderen fahren kann. Unsere Version dient zudem als Tafel und Ziehwagen. Das erhöht den Spaßfaktor!

Das brauchen Sie

vorgefertigte Kiste
Abdeckband (auch als „Masking Tape" im Handel)
Tafelfarbe
Pinsel
4 Feststellrollen mit Schrauben
Bohrmaschine
Seil

1) Ihr Kistendeckel sollte eine glatte, staubfreie Oberfläche haben. Umkleben Sie die Oberkanten ringsherum mit Abdeckband, um die Kistenseiten vor herunterlaufender Farbe zu schützen, und bedecken den Deckel mit mindestens zwei Schichten Tafelfarbe. Nach dem Trocknen das Abdeckband vorsichtig abziehen und abgeplatzte Stellen noch einmal überpinseln.

2) Wenn die Kiste nicht schon Rollen hat, schrauben Sie welche darunter (dazu siehe unten). Die Löcher dafür bohren Sie vor. Damit man die Kiste ziehen kann, bohren Sie in eine der Schmalseiten ein Loch, stecken das Seil hindurch und machen einen dicken Knoten auf der Innenseite.

Beim Anschrauben der Rollen an die Unterseite der Kiste am besten einen Abstand von 2 cm zu den Kistenrändern einhalten.

Kreative Malwand – So wird's gemacht

Zeichnen und Malen fördert die Fähigkeit zum Selbstausdruck. Kompakt und wie geschaffen dafür ist dieses Mini-Atelier – eine Kombination aus Endlospapier, praktischen Behältern für Pinsel, Kreide, Bleistifte und Schere sowie einer kleinen Ablage zum Liegenlassen von Zeichenmaterialien während der Schaffenspausen.

1) Streichen Sie die Holzplatte und das Brett farbig an. Befestigen Sie das Brett als Ablage am unteren Rand der Holzplatte. Bohren Sie dazu Löcher vor und verschrauben das Brett von der Rückseite der Platte aus. (Je nach Größe und Gewicht können Sie es aber auch mit Klebstoff anbringen.)

2) Bohren Sie nun die Löcher für die Halterung der Papierrolle und schrauben diese mit den dazugehörigen Schrauben fest.

3) Bringen Sie knapp über dem Ablagebrett ein Gummiband an, mit dem Sie das Ende des Papiers festklemmen können. Bohren Sie dafür Löcher in die Holzplatte (der Abstand zwischen ihnen sollte breiter als das Papier sein), führen das Gummiband durch die Löcher und verknoten es auf der Rückseite.

4) Die Becher an ihren Platz nageln. Wir haben drei auf dem oberen Rand der Holzwand platziert und einen neben der Ablage. Befestigen Sie zum Schluss die Holzplatte mit den Wandschrauben an der Wand; die Löcher dafür wieder vorbohren.

Das brauchen Sie

Holzplatte, 100 x 75 cm groß
Holzbrett
helle Farbe
Pinsel
Bohrmaschine
2 Schrauben
Schraubenzieher
Papierrolle mit Halterung und Schrauben
festes, schmales Gummiband
4 bunte Becher
4 Nägel
Hammer
4 Wandschrauben
4 Dübel

Kinder brauchen Platz für alle möglichen kreativen Aktivitäten. Abwaschbare Oberflächen sind dabei das A und O. Bunte, gemusterte oberflächenbeschichtete Stoffe sind dafür am besten geeignet. Versuchen Sie, zusammensteckbare Moosgummi- oder Linoleumplatten zum Abdecken des Fußbodens aufzutreiben. Neben dem Schutz des Bodens bieten sie Ihnen auch die Möglichkeit, eine zusätzliche Farbe in den Raum zu bringen, die Ihr Einrichtungskonzept abrundet.

Jungen-zimmer

Nur wenige Buben würden sich gegen eine eigene Räuberhöhle sträuben, teilen das Zimmer aber auch gerne mit dem Bruder – besonders wenn darin jeder seinen eigenen Bereich samt Spielecke bekommt, der in Stil und Farbe ganz individuell gestaltet ist.

Am einfachsten schaffen Sie in einem Zimmer, das sich mehrere Jungen teilen, eigene Bereiche durch die unterschiedliche Gestaltung von Boden- und Stauflächen. Dabei kann jeder den unterschiedlichen Vorlieben entsprechen, aber beide können durch gleiche Farben oder ein gemeinsames Gesamtkonzept dennoch eine Einheit bilden.

MA

Ein Zimmer teilen

Mobiles und Wandtafeln eignen sich hervorragend als Gestaltungselemente in einem gemeinsamen Zimmer (siehe Seite 55 und 56). Ein Mobile verleiht einem allzu jungenhaften Raum eine etwas zartere Note. Es hängt am besten dort, wo das Kind gerne liegt und es beobachten kann. Wandtafeln schaffen individuelle Kreativzonen. Auf ihnen können die Jungen nach Herzenslust herumkritzeln oder ihre außerschulischen Termine festhalten.

Ein eigener Teppich kann zum absoluten Lieblingsplatz Ihres Kindes werden, dort kann es ungestört spielen und seine Spielsachen auch ruhig liegen lassen. Die Namen der Jungen können Sie mit einer Kette aus **Buchstabenwimpeln** „schreiben" und damit ihr Reich kennzeichnen oder auch mit **Buchstaben im Rahmen** (siehe Seite 54 und 57) jedem Kind das Gefühl geben: hier bin ich zu Hause!

Stellen Sie für jeden Jungen eine extra für ihn gestaltete stabile **Spielzeugbox** auf, die die anwachsende Legosammlung, die Indianerkostüme, die Sportausrüstung oder all das aufnimmt, was am Ende eines Tages von der Bildfläche verschwinden soll. Auch eine Hängematte ist ein fabelhafter Lagerplatz für Bälle und Plüschtiere. Bunt gemusterte Hängematten mit fröhlichen Streifen oder Punkten bekommt man in den meisten Fachgeschäften für Heimtextilien oder auch in Kinderläden.

Die eigene Spielzeugbox – So wird's gemacht

Wenn diese Box im Zimmer eines kleinen Jungen oder in einem Spielzimmer steht, wird sie einiges aushalten müssen. Wählen Sie also eine stabile Box aus, die groß genug ist, um alles Mögliche – angefangen von Hockeyschlägern bis hin zu Fußbällen und Eisenbahnschienen – darin zu verstauen.

1) Stellen Sie eine Schablone mit dem Anfangsbuchstaben vom Namen Ihres Kindes her. Dafür den Buchstaben in einer Schrift und Größe Ihrer Wahl auf dünnen Karton oder Plastikfolie zeichnen und sorgsam mit dem Bastelmesser heraustrennen. Sie können den Buchstaben auch scannen und ausdrucken oder eine Fotokopie aus Büchern und Zeitschriften auf Karton oder Folie ziehen und diese dann auf die gewünschten Maße vergrößern.

2) Wählen Sie eine geeignete Stelle auf der Box aus und kleben die Buchstabenschablone mit ablösbaren Haft-Klebepads provisorisch darauf fest, nach dem Farbauftrag sollen sie wieder entfernt werden. Bringen Sie den Buchstaben mit Sprühfarbe auf und lassen die Farbe vor dem Ablösen der Schablone mindestens 20 Minuten lang gut durchtrocknen.

Das brauchen Sie

- dünnen Karton oder Plastikfolie
- Bleistift
- Lineal
- Bastelmesser
- Holz- oder Metallkiste
- wieder ablösbare Haft-Klebepads (auch als „Klebeknete" im Handel)
- Sprühlack

Auch Schuhkartons, bezogen mit Stoff, Tapete oder Geschenkpapier, sind eine tolle Aufbewahrungshilfen. Dazu einen Schuhkarton auf Stoff oder Papier stellen und dieses entlang der Kanten mit einer kleinen Zugabe zum Umschlagen zuschneiden. Die Schachtel mit doppelseitigem Klebeband versehen und den Bezug darauf ziehen. Wenn Sie Stoff mit einer Zackenschere zuschneiden, franst er nicht aus. Das Bezugsmaterial beim Festkleben straff ziehen, um Falten und Blasen zu vermeiden.

Buchstabenwimpel – So wird's gemacht

Eine Wimpelkette mit dem Namen Ihres Kindes ist überall schnell aufgehängt: am Kopf- oder Fußende des Betts, an der Tür oder auch einfach an der Wand. Sie gibt dem Kind das Gefühl, dass ihm in einem gemeinsam genutzten Zimmer ein bestimmter Bereich ganz allein gehört.

Das brauchen Sie

- Stoff für die Wimpel
- Maßband
- Schneiderkreide
- Zackenschere
- scharfe Schere
- Stecknadeln
- Nähmaschine und farblich passendes Garn
- Stoff für die Buchstaben
- Sticknadel und Faden
- Bügeleisen
- Schrägband
- 2 Reißzwecken oder kleine Nägel
- Hammer

1) Für jeden Buchstaben brauchen Sie zwei Stoffdreiecke. Ihre Größe richtet sich nach der Länge des Namens und dem vorhandenen Platz dafür. Es kann daher nicht schaden, wenn Sie vorab mit Zeitungspapier ausprobieren, mit welcher Größe Sie am besten hinkommen. (Unsere Dreiecke sind 20 cm hoch und 15 cm breit.)

2) Pro Wimpel zwei Stoffdreiecke abmessen und zuschneiden. Die Buchstaben für den Namen mit einer Zackenschere aus dem Stoff schneiden und mit Stickgarn von Hand aufnähen: sowohl der Schlingstich als auch ein einfacher Vorstich sehen hier gut aus. Sie verleihen Kontur, besonders wenn Sie ein Garn in einer Kontrastfarbe verwenden. Alternativ können Sie die Buchstabenkanten auch mit engem Zickzackstich umsteppen und die Buchstaben anschließend auf die Stoffdreiecke kleben.

3) Die Stoffdreiecke jeweils rechts auf rechts zusammenstecken. Mit der Maschine die beiden Kanten absteppen, die das V des Dreiecks bilden. Mit einer scharfen Schere die Schnittkanten der Nähte in regelmäßigen Abständen von etwa 1 cm knapp einschneiden (dabei aber auf keinen Fall in die Nähte schneiden!). Die Dreiecke erhalten dadurch glattere Kanten, wenn sie auf rechts gewendet sind. Alle Dreiecke ausbügeln.

4) Die fertiggestellten Dreiecke nun an dem Schrägband befestigen. Dazu einfach ein Dreieck nach dem anderen in das Schrägband einlegen und mit der Maschine darübersteppen. Die leichte Dehnbarkeit des Schrägbands lässt die Dreiecke in einer sanften Kurve hängen, wie dies auf dem Bild am Bett zu sehen ist.

5) Die Buchstabenketten am Kopfende des Betts mit Reißzwecken oder kleinen Nägeln anbringen. Zum Festmachen an einer Wand brauchen Sie größere Nägel.

Einfaches Mobile – So wird's gemacht

Viele Jungen haben eine Phase, in der sie die kompliziertesten Flugzeugmodelle, Eisenbahnen, Schiffe, Autos und selbst Dinosaurier basteln. Stellen Sie sie doch einfach zu einem Mobile zusammen. So können sie ständig bewundert werden, ohne die Regale zuzustellen.

1) Den Jeansstoff längs in der Mitte rechts auf rechts zusammenlegen und darauf den Kleiderbügel platzieren. Die Form des Bügels mit Schneiderkreide nachzeichnen und ringsherum 2 cm Nahtzugabe hinzufügen. Schneiden Sie die Form aus dem Jeansstoff und verwenden diese ebenso als Vorlage für den Zuschnitt der Wattierung, bei dem Sie wie hier beschrieben vorgehen.

2) Legen Sie anschließend die Wattierung auf die Jeansstoffteile (diese sind noch immer rechts auf rechts zusammengelegt) und stecken alles zusammen. Steppen Sie die Oberkanten mit der Maschine zusammen, lassen dabei aber eine schmale Öffnung für den Kleiderbügelhaken. Wenden Sie die rechte Seite nach außen und legen die Hülle über den Kleiderbügel. Den Haken zwischen den Stichen hindurchdrücken.

3) Befestigen Sie ein Ende des Schnürsenkels mit Klebstoff an dem Modellflugzeug (oder ziehen Sie ihn durch ein bereits vorhandenes Loch und verknoten ihn darunter). Das andere Ende mit der Heftpistole an der Unterkante der Kleiderbügelhülle anbringen. Jetzt legen Sie die offenen Schnittkanten der Hülle nach innen und nähen die Öffnung mit der Hand zu.

4) Zum Schluss einen geeigneten Haken in die Zimmerdecke schrauben, eine Angelschnur in passender Länge an dem Deckenhaken und daran den Kleiderbügel festknoten.

Das brauchen Sie

einen Streifen Jeansstoff, 25 cm breit
Holzkleiderbügel
Schneiderkreide
Schere
einen Streifen Wattierung, 25 cm breit
Stecknadeln
Nähmaschine und farblich passendes Garn
Schnürsenkel oder Band
Modellflugzeug
Alleskleber
Heftpistole
Nadel und Faden
Deckenhaken
Angelschnur

Mobiles können ganz unterschiedlich konstruiert werden: etwa indem Sie zwei Drahtstücke über Kreuz mit Angelschnur verbinden, die Enden mit einer Zange dekorativ aufbiegen und an jedes gebogene Ende ein Flugzeug hängen. Sie können aber auch einfach zwei interessant aussehende Holzzweige verwenden oder Holzleisten recyceln, die Sie zu einem Rahmenkreuz zusammenbinden. Wenn es Kampfflugzeuge sind, die Sie aufhängen wollen, verwenden Sie am besten Tarnstoff zum Überziehen der Aufhängung und ein grünes oder braunes Band zum Festmachen.

Wandtafel – So wird's gemacht

Eine Wandtafel ist ideal, wenn Sie in einem gemeinsamen Zimmer verschiedene Bereiche abgrenzen wollen. Dabei muss die Tafel nicht unbedingt schwarz sein, alle dunklen Farben sind ebenso gut geeignet. Die Jungen werden es toll finden, ihre Zeichnung tagelang dranlassen und sie spontan hier und da verändern zu können.

Das brauchen Sie

Maßband
Bleistift
Wasserwaage
Abdeckband (auch als „Masking Tape" im Handel)
dünnen Karton
1 Liter Tafelfarbe
Pinsel
Kreide
Farbrolle und Farbwanne

1) Messen Sie vom Boden aus die gewünschte Position Ihrer Tafel ab und zeichnen in der vorgesehenen Höhe alle 20 cm einen Markierungspunkt an die Wand. Eine Wasserwaage erweist sich hier als sehr nützlich, denn Fußleisten verlaufen nicht immer gerade. Umkleben Sie dann die Gesamtfläche Ihrer Tafel entlang der Markierungen mit Abdeckband.

2) Schneiden Sie nach den Vorlagen auf Seite 122 Eisenbahnwaggons aus Karton zu. Fixieren Sie die Schablonen mit Abdeckband entlang der oberen Abschlusslinie der Tafel und zeichnen die Umrisse der Waggons mit Bleistift an die Wand. Nehmen Sie dann die Vorlagen weg und malen die Umrisse mit Pinsel und Tafelfarbe aus. Arbeiten Sie dabei nur in eine Richtung, damit nichts verschmiert. Nach dem Trocknen können Sie mit Kreide Fenster für die Waggons und die Lokomotive einfügen.

3) Jetzt füllen Sie die Tafelfläche mit zwei Schichten Farbe aus, dafür benötigen Sie Farbrolle und -wanne. Die Tafelfarbe sollten Sie gründlich trocknen lassen, bevor Sie das Abdeckband entfernen und fehlerhafte Stellen ausbessern.

Kaufen Sie einfache Bilderrahmen, einen für jeden Buchstaben des Kindernamens. Schneiden Sie die Buchstaben (eventuell mit einer Zackenschere) aus Stoff zu und kleben oder nähen sie auf einen andersfarbigen Grundstoff. Diesen anschließend auf ein Stück Karton kleben. In den Rahmen stecken und alle Einzelrahmen in der richtigen Reihenfolge so nebeneinander hängen, dass sich daraus der Name Ihres Kindes ergibt.

Jeder Farbton lässt sich für eine Wandtafel verwenden. Ihre Form beziehungsweise die verwendete Schablone können Sie passend zu jedem beliebigen Motto anfertigen, das Sie für das Zimmer ausgewählt haben. Eine lang gestreckte Tafel mit zwei Eisenbahnzügen (die beide in eine andere Richtung „fahren“) wäre beispielsweise eine gute Lösung für zwei Jungen, die sich ein Zimmer teilen. Magnetfarbe ist eine pfiffige Alternative dazu. Ein Streifen davon kann an der gesamten Wand des Schlafraums, Spielzimmers oder der Küche entlanglaufen, die auf diese Weise auch noch zur Kunstgalerie werden.

Eine schwarze Tafel kann in der Dunkelheit etwas unheimlich wirken. Das können Sie mit Sternchenaufklebern verhindern, die im Dunkeln leuchten und an der Wand über der Tafel oder auf jedem Bahnwaggon prangen. Die erkennbare Silhouette des Zuges oder eines anderen Motivs hilft ebenfalls, um den Raum nachts vertrauter erscheinen zu lassen.

Musikzimmer

Richten Sie eine Musikecke mit vielen Stühlen und einem weichen Teppich ein. Zusätzliche Wolldecken an den Wänden sorgen für die Schalldämmung. Eine Auswahl an „Musikinstrumenten" – von mit Steinen gefüllten Blechdosen bis hin zur Geige – wird Ihre Kinder nicht nur an Rhythmen und Klänge heranführen, sondern kann in dem einen oder anderen Fall auch eine therapeutische Wirkung haben.

Die Gestaltung. Diese Ecke sollte möglichst einladend wirken, mit viel Platz und genügend Stühlen für alle Freunde, die mitmachen wollen. Dekorieren Sie die Wände mit Bildern, stellen Sie einen oder mehrere Sitzsäcke dazu und suchen alle Instrumente zusammen, die sich im Laufe der Jahre angesammelt haben: Glocken, Tamburine, Rasseln, Rumbakugeln, Flöten, eine Trompete – oder sogar eine Gitarre oder Geige.

Trommeln und Schlagzeug. Ein Schlagzeug in der Ecke verleiht Ihrem Musikbereich sofort das echte Band-Feeling. Auch Bongotrommeln und Xylophone sind ein echter Hit für Kinder in jedem Alter.

Ein Flaschenorchester. Dafür hängen Sie Marmeladengläser oder Flaschen mit verschiedenen Füllmengen von Wasser in einer Reihe auf. Je mehr Wasser sich in der Flasche befindet, desto höher ist der Ton. Oder versuchen Sie es doch einmal mit einer Reihe unterschiedlich langer Aluminiumstangen oder -röhren mit Löchern – dazu den Deckel einer Farbdose und schon gibt es auch noch einen Gong.

Selbst gemachte Instrumente haben Sie schnell beieinander: Topf und Deckel geben tolle Trommeln, Becken oder Gongs ab; Lineale oder lange Bleistifte sind prima Schlagstöcke. Glocken lassen sich an eine Kordel knoten und um das Hand- oder Fußgelenk binden.

Rasseln sind einfach hergestellt und leicht zu „spielen“. Sie sind das perfekte Instrument für die jüngsten Bandmitglieder. Füllen Sie dafür eine trockene Plastikflasche mit Bohnen, Linsen oder Nudeln, schrauben den Deckel darauf und reichen Ihrem Kind zum Schütteln den engen Flaschenhals.

Mit der Band üben. Kinder, die in einem Schulorchester oder einer Band mitspielen, werden einen Platz zum Üben total cool finden. Das hilft den Takt zu halten und den richtigen Ton zu treffen. Wenn die Nachbarn sich dadurch gestört fühlen, hängen Sie am besten Decken an die Wände, um die Lautstärke zu reduzieren.

Achtung Aufnahme! Eine Aufzeichnung ist heute mit einem tragbaren Aufnahmegerät oder der Videokamera kein Problem mehr. Das Festhalten solch kostbarer Momente wird dem Selbstbewusstsein Ihrer Kinder einen gehörigen Schub geben. Zeichnen Sie ihr Spiel bei jedem Treffen mit Freunden auf. Damit geben Sie den Kindern die Gelegenheit, sich über mehrere Treffen hinweg eigene Ziele zu setzen.

Mädchen-zimmer

Etagenbetten sind wahre Platzsparkünstler in einem Geschwisterzimmer. Räumen Sie das gemeinsame Zimmer für mehrere Mädchen so um, dass jedes seinen eigenen Bereich bekommt – mit Wandbildern oder separaten Regalen, die jedes Mädchen für sich nutzen kann, oder mit Namen gekennzeichneten Spielzeugkisten.

Jedes Kind braucht seinen ganz persönlichen Bereich und wenn Mädchen sich schon ein Doppelstockbett teilen, brauchen sie ihren eigenen Schrank sowie eine Spielecke und Stauraum für sich allein.

Gemeinsames Zimmer

Individuelle Bereiche lassen sich ganz einfach mit einem Wandfries gestalten. Mit ihm können Sie jedem Mädchen die eigene „Ecke" herrichten und ihm dadurch das Gefühl geben, dass Sie eine Seite des Zimmers speziell auf seine Person zugeschnitten haben (siehe Seite 64).

Bringen Sie für jedes Mädchen Regalkästen für seine Sammlungen von Märchenfiguren, Puppen und Büchern an den Wänden an. Damit sparen Sie gleichzeitig wertvollen Platz am Boden. Gestalten Sie eine **Bildergalerie** mit den Malereien und Fotos Ihrer Mädchen – in hübschen Bilderrahmen, auf Leinwand ausgedruckt oder en bloc zusammengestellt (siehe Seite 66).

Bei der Möbelsuche werden Sie auf etliche Angebote stoßen, die nach dem Baukastenprinzip konzipiert sind. Mit ihnen lassen sich Schubladen oder Schreibplatten in Etagenbetten integrieren und sie bieten zudem clevere Lösungen für Stauraum. Oder Sie verlängern einfach die Lebensdauer Ihrer Vintagemöbel mit einem frischen Anstrich.

Wandfries – So wird's gemacht

Eine Bordüre ist eine schnelle und einfache Lösung, um in einem gemeinsam genutzten Zimmer eine Ecke persönlich zu gestalten. Lassen Sie die Mädchen mitentscheiden, ob sie das gleiche Motiv in unterschiedlichen Farben oder verschiedene Muster in der gleichen Farbe haben wollen.

Das brauchen Sie

Papier
Bleistift
Schere
langes Lineal
Wasserwaage
Abdeckband (auch als „Masking Tape" im Handel)
wieder ablösbare Haft-Klebepads (auch als „Klebeknete" im Handel)
Acrylfarbe
Pinsel

1) Wählen Sie ein einfaches Muster aus und fertigen Papiervorlagen von den Motiven an (siehe Seite 122-125). Am einfachsten ist ein geradlinig verlaufender Fries mit exakten Rändern zu bewerkstelligen, der sich wie ein Streifen absetzt. Messen Sie zunächst die gewünschte Position Ihrer Bordüre ab und zeichnen sie mit Bleistift und einem langen Lineal vor. Verwenden Sie dafür möglichst eine Wasserwaage, um sicherzugehen, dass Ihr Fries gleichmäßig gerade wird. Arbeiten Sie mit Abdeckband, damit sich die Linien scharf absetzen und gerade werden.

2) Zeichen Sie nun Ihre Motive mithilfe der Schablone hinein. Fixieren Sie die Schablone dazu an der jeweils vorgesehenen Stelle mit ablösbaren Haft-Klebepads. Danach beginnen Sie mit dem Ausmalen der Ränder. Dabei empfiehlt es sich, stets in eine Richtung zu arbeiten und jeden Abschnitt zunächst durchtrocknen zu lassen, bevor Sie zum nächsten übergehen. Wenn die Ränder fertig sind, können Sie sich an die Gestaltung der Schablonenflächen machen. Das Abdeckband sollten Sie aber erst abziehen, wenn alles trocken ist.

Stellen Sie Ihr Maltalent auch an der Tür des Mädchenzimmers unter Beweis. Sie ist der geeignete Platz für eine Körpermesslatte. Oder Sie bringen für jedes Kind eine eigene Messlatte an seiner Schranktür an. Beginnen Sie in der Mitte der Tür mit einer senkrecht verlaufenden Linie, an der die Messergebnisse mit schwarzem Stift eingetragen werden. Hier können Sie Ihre selbst entworfenen Blumenranken zum Einsatz bringen. Skizzieren Sie die Ranken zunächst mit Bleistift und malen sie dann mit Acrylfarben aus.

Für den **Extra-Glanzeffekt** setzen Sie in Ihren Wandmalereien Highlights mit Glitter oder Leuchtfarben. Auch Silber oder Perlmutt- und Metallicfarben schimmern im Licht und machen sich in einem Mädchenzimmer immer gut. Sie können aber auch in Ihrem Bastelgeschäft nach hübschem Deko-Papier, Aufklebern oder Stempelaufdrucken für Ihr Kunstwerk an der Wand Ausschau halten.

Bildergalerie – So wird's gemacht

Verewigen Sie die kostbarsten Kunstwerke Ihrer Töchter doch in einer Minigalerie und machen sich gleich auf die Suche nach preiswerten Rahmen in ähnlichen Größen, die Sie alle in der gleichen Pastellfarbe anstreichen. Wählen Sie ein paar der Kunstwerke aus, um sie auf Leinwand kopieren zu lassen.

Das brauchen Sie

gerahmte und/oder aufgezogene Kinderbilder
Maßband
Bleistift
Bilderhaken und Nägel
Hammer
Zeitungspapier
Schere
Lineal

1) Alle Bilder auf dem Boden auslegen und so lange hin und her schieben, bis Ihnen die Anordnung gefällt. Messen Sie dann die Gesamthöhe aller Bilder aus und übertragen dieses Maß auf die Wand. Die Bilder sollten mindestens 70 cm über dem Boden hängen, da sie ansonsten zu leicht beschädigt werden können.

2) Beginnen Sie mit dem Aufhängen der Bilder von der Mitte aus. Wenn Sie sich nicht sicher sind, ob Sie die Anordnung gut hinbekommen, übertragen Sie die Umrisse der Bilder auf Zeitungspapier, heften diese an die Wand und ziehen sie mit Bleistift nach. Dann kurz von der Wand zurücktreten, um zu prüfen, ob alle Linien gerade sind. Diese ansonsten mit einem Lineal ausrichten.

Ein eigenes Nachtlicht oder eine Leselampe am Kopfende des Betts sollte für jedes Mädchen vorhanden sein, damit es lesen kann, wann immer es möchte. Die Halterungen können Sie für jedes Kind anders gestalten oder nach den Wünschen der Mädchen die Lampenschirme ganz individuell mit Perlen, Bändern oder Filzblumen und -figuren versehen.

Stauraum ist immer eine Herausforderung in einem gemeinsamen Zimmer. Hier ist ein Wandbehang mit Taschen, der mit Schlaufen am Kopfende des Betts aufgehängt ist, eine clevere Lösung. Verzieren Sie die Taschen mit Herzchen, Blumen oder den Initialen des Mädchens und wählen die Größe so, dass seine Kuscheltiere genau hineinpassen.

3 Aktionsräume

Klappschrank

Ein Spielschrank bietet auf kleinstem Raum geniale Möglichkeiten für fantasievolle Aktivitäten aller Art. Die Auswahl an umsetzbaren Einrichtungsideen ist schier endlos und Sie können nach dem Spielen einfach die Türen zumachen.

Für Mädchen bietet sich eine Stargarderobe mit Spotlights, einem runden Spiegel, Schubladen voller Schminksachen, tollen Kleidern, Schuhregalen und Haken für die Handtaschen an. Jungen ziehen dem eher eine Werkstatt mit allem Drum und Dran wie Werkbank, Werkzeugkasten, Schraubhaken, Holzstücken und Leisten vor – so richtig zum Herumexperimentieren mit Hammer und Säge. Schrauben, Nägel, Reißzwecken und andere Kleinteile können Sie in umgedrehte Marmeladen- oder Babygläser füllen. Andere mögliche Themen sind eine Krankenstation, eine Schule oder ein Kaufladen mit Obst- und Gemüsekörben, Waage, Kasse und Haken für Papiertüten.

Beginnen Sie mit einem leeren Schrank. Machen Sie einen Entwurf und gestalten dann das Innenleben des Schranks je nach dem Thema, das Sie ausgewählt haben. Auf den nächsten Seiten finden Sie ein Beispiel für eine Küche mit Regalen, Küchentisch und Geräten wie Mikrowelle, Wasserkocher, Mixer und Waschmaschine. Streichen und dekorieren Sie den Schrank innen und außen und machen sich anschließend an die Türen, die ebenso möglichst viele Funktionen erfüllen sollten. Unsere Schranktüren haben auf der einen Seite ein Etagenbett für Puppen erhalten, auf der anderen ein ausklappbares Bügelbrett. Es gibt Haken, Hängeleisten und eine Wäscheleine. Versehen Sie auch die Außenseiten des Schranks mit einem Dekor, bemalen die Türen und fügen zur Beleuchtung Lichterketten hinzu.

Klappschrank – So wird's gemacht

Greifen Sie auf ein vorhandenes Bücherregal zurück oder Sie nutzen einfach ein Regalsystem, das in den ausgewählten Schrank passt. Richten Sie ihn nach den Vorlieben Ihres Kindes ein. Wenn Sie die Grundstruktur erst einmal entworfen haben, werden Sie viel Spaß mit dem Anmalen, Dekorieren und Ergänzen der Feinheiten haben.

Das brauchen Sie

Schrank
Regalbretter
hellgelbe Farbe
Pinsel
Auswahl an dekorativen Papieren und Stoffen, darunter Geschenkpapier und Tapete
Korkplatte
doppelseitiges Klebeband
Kleiderhaken
Wäscheleine und Klammern
Obstkisten
Bohrmaschine
Schrauben
Schraubenzieher
Netzstoff oder Spitze
Spiegel

1) Montieren Sie zunächst die Regale für die Grundstruktur Ihres Klappschranks und streichen alles an. Sobald die Farbe trocken ist, kommen die vergnüglichen Deko-Elemente an die Reihe: Tapete für die Wände, ein hübsches Geschenkpapier für die Regalrückwand oder gemustertes Papier oder Stoff für die Schrankrückwand – ganz wie es Ihnen gefällt. Anschließend den Boden gestalten.

2) Wie viele Elemente Sie hinzufügen wollen, liegt ganz bei Ihnen. Mit doppelseitigem Klebeband können Sie eine Korkplatte an die Innenseite einer Tür kleben. Schrauben Sie einen Schubladenknauf oder Haken durch die Platte in die Schranktür, so erhalten Sie eine feste Aufhängung für das Bügelbrett. Fügen Sie für Ballettröckchen und Faschingskostüme Haken an der linken Tür hinzu und im Inneren des Schranks eine weitere Hakenreihe für Kochlöffel und Geschirrtücher. Vergessen Sie nicht die Wäscheleine (sie kann aus Schnur, Band oder Gummiband bestehen) und die -klammern.

3) Schrauben Sie für die Etagenbetten der Puppen die beiden Obstkisten an der Innenseite der anderen Tür an und mittig über den Betten einen Haken, an den Sie ein Moskitonetz oder einen Baldachin anbringen. Fügen Sie schließlich noch einen Spiegel hinzu. Er kann auch aus einem Rahmen mit Folie bestehen, wenn sie keinen echten in der Größe der Tür zur Hand haben.

Spannen Sie eine leicht erreichbare Wäscheleine und besorgen bunte Klammern. Zwei recycelte Obstkisten geben perfekte Etagenbetten ab. Drapieren sie einen Spitzen- oder Netzstoff darüber, damit die Puppe es gemütlich hat.

Verwandeln Sie ein Bücherregal in ein Puppenhaus, indem Sie vertikale Brettchen als Wände einfügen. Schneiden Sie die Fenster mit einer Stichsäge heraus und fügen eine Treppe sowie einen Balkon hinzu (Holzstäbchen oder Eisstiele leisten dabei gute Dienste).

Spielmatten

Matten mit einer Spielfläche sind für eine Vielzahl von Aktivitäten geeignet. Ihrer Fantasie sind beim Design keine Grenzen gesetzt. Entwerfen Sie eine Matte, auf der Ihre Kinder an regnerischen Tagen in Haus spielen können und die Sie für ein Picknick oder die Ferien im Handumdrehen in der Tasche verstaut haben.

Alle kleinen Kinder lieben Spielmatten. Babys und Kleinkinder genießen es, auf der warmen, weichen Unterlage herumzutollen oder in Ihrem Zimmer darauf zu spielen. Sehr gut eignen sich Matten aus Schaumstoffplatten, die Sie in interessante Formen zerschneiden können. Ganz prima sind auch solche aus weichen, flauschigen Materialien.

Ältere Kinder können sich stundenlang mit einer Matte beschäftigen, die sie zu einem Spiel oder einer bestimmten Aktivität animiert. Verwenden Sie ein dünnes Isoliermaterial für eine **wasserfeste Bodenmatte mit Autorennstrecke,** durch die Ihr Kind auf seinen Fantasiereisen gerne „fährt" (siehe Seite 78). Hier können Sie beispielsweise auch eine Bauernhofszene einarbeiten. Wenn Sie dafür Wasser undurchlässiges Material nehmen, können Sie die Matte auch im feuchten Gras ausbreiten oder unterwegs die Windeln der Kleinsten bequemer darauf wechseln. Mit einer wattierten Matte haben Sie ein wunderbar weiches Sitzpolster. Sie werden staunen, wie oft Ihnen eine solche Matte gute Dienste leistet!

Spiele, die sich auf einer Matte darstellen lassen, sind **Himmel und Hölle** (siehe Seite 80), Schlangen und Leitern oder Tic Tac Toe. Damit Sie die Matte auf Tagestouren oder in die Ferien mitnehmen können, nähen Sie am besten gleich noch einen passenden Beutel mit Zugkordel, in dem sie sauber und ordentlich untergebracht ist.

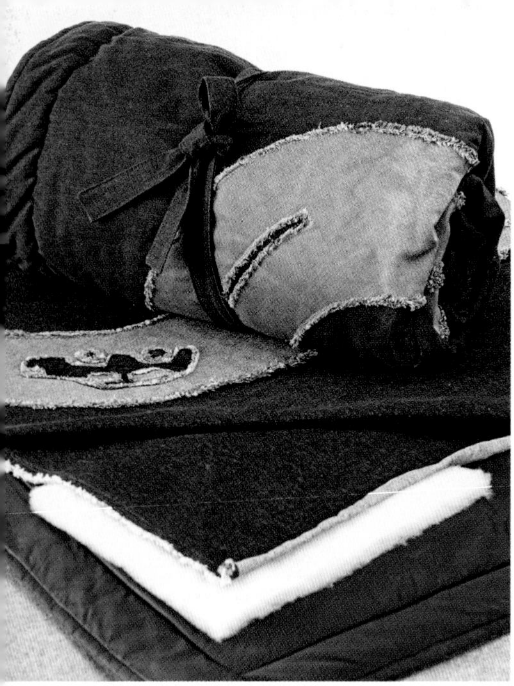

Wasserfeste Bodenmatte mit Autorennstrecke – So wird's gemacht

Ihre Kinder werden diese Decke lieben! Zu den Autos können Sie noch Tankstellen, Wolkenkratzer, Bäume, Häuschen, Garagen, Seen, Tunnel und Berge gesellen. Schneiden Sie einfach alle Motive aus Stoffresten zu und versäubern die Kanten zum Schluss mit Zickzackstich.

Das brauchen Sie

dunklen Jeansstoff, 150 x 170 cm groß sowie Stoffreste
Maßband
Schere
Nähmaschine und farblich passendes Garn
hellen Jeansstoff, 100 x 150 cm groß
Stecknadeln
Wasser undurchlässiges Material, 150 x 150 cm groß
Wattierung, 150 x 150 cm groß
Nadel und Faden

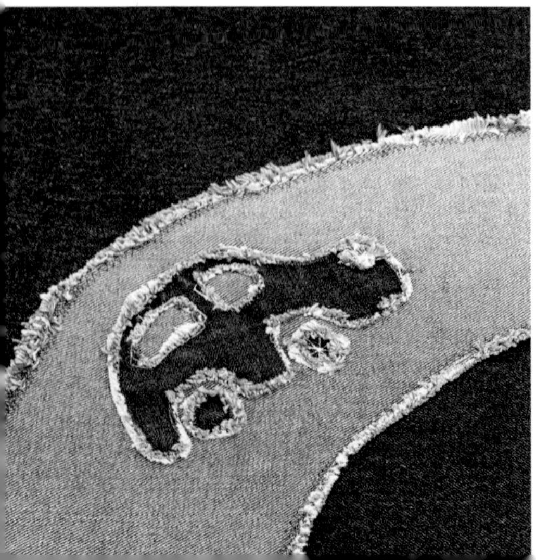

1) Aus dem dunklen Jeansstoff ein 150 x 150 cm Quadrat sowie zwei 150 x 10 cm große Streifen zuschneiden. Diese für die Bänder zum Zusammenbinden der Matte längs rechts auf rechts zusammenfalten und die Längskante absteppen. Wenden Sie die rechte Seite der Bänder nach außen und bügeln diese mit der Naht auf der Rückseite flach auf.

2) Schneiden Sie die Rennbahnstrecke aus dem hellen Jeansstoff zu sowie aus dem Rest des dunklen Stoffs ein Auto. Das Auto auf die Rennstrecke legen und festnähen. Dann die Rennstrecke auf das dunkle Jeansquadrat stecken und annähen.

3) Das Teil mit der Rennstrecke mit der rechten Seite nach oben auf einen Tisch legen und darauf das wasserdichte Material, gefolgt von der Wattierung. Stecken und heften Sie alle drei Schichten zusammen und lassen dabei an einer Seite eine Öffnung von 35 cm. Mit der Maschine zusammensteppen und die Schnittkanten mit Zickzackstich versäubern.

4) Wenden Sie die Decke nun auf rechts und legen die Enden der Bänder vor dem Zusammennähen in die Öffnung ein. Steppen Sie etwa 3 cm von den Außenkanten entfernt eine weitere Naht um die gesamte Decke.

5) Damit sich die Schichten nicht verschieben, müssen sie in regelmäßigen Abständen mit ein paar Stichen von Hand zusammengehalten werden (siehe Abbildung). Die Matte zum Aufbewahren mit der Rennstrecke nach innen

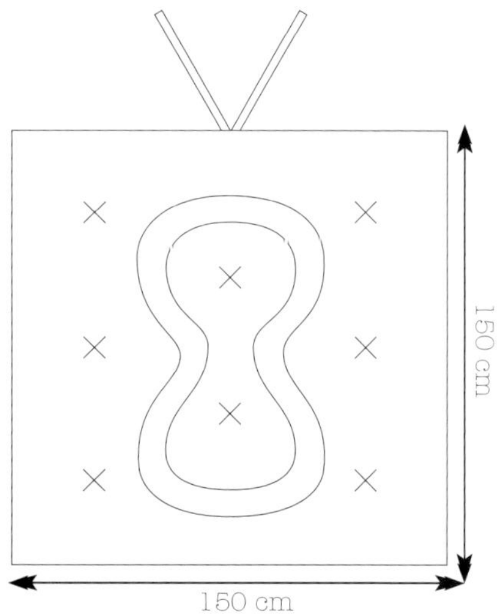

aufrollen und mit den Bändern verschnüren.

Puzzlebodenmatten, die zusammengesteckt werden können, sind wirklich sehr nützlich: sie wiegen nicht viel, können leicht hin und her geschoben werden und halten die Kleinen beim Spielen auf dem Boden warm. Fragen Sie in einem Fachgeschäft oder auch in dem Spielwarenladen in Ihrer Nähe doch einmal nach „Puzzleteilen“ aus 3 cm dickem Schaumstoff.

Matte für Himmel und Hölle – So wird's gemacht

Für unkomplizierten Spaß zu Hause oder schnell aufgerollt und zum Spielen mit Freunden in den Park mitgenommen oder auch ins Auto gepackt, wenn es in die Ferien geht: diese kostengünstige und federleichte Matte wird Ihren Kindern viele Stunden lang Freude bereiten.

Das brauchen Sie

Jutestoff, 110 x 150 cm groß
Maßband
Schneiderkreide
5 m weißes Band, ca. 5 cm breit
Schere
Textilkleber
Papier
Bleistift
Stecknadeln
3 Quadrate farbigen Filz, ca. 21 x 21 cm groß
Stoffrest, 15 x 15 cm groß
Nadel und farblich passendes Garn
1 Paket getrocknete Bohnen oder Linsen

1) Messen Sie die Position der Kästchen aus und zeichnen sie mit Schneiderkreide auf dem Jutestoff vor. Die Felder für unser Projekt sind 30 x 30 cm groß.

2) Verwenden Sie das weiße Band zum Einrahmen der Felder. Schneiden Sie für jedes Kästchen einen Abschnitt zu. An den Ecken das Band jeweils im rechten Winkel zurechtlegen und mit Textilkleber aufkleben.

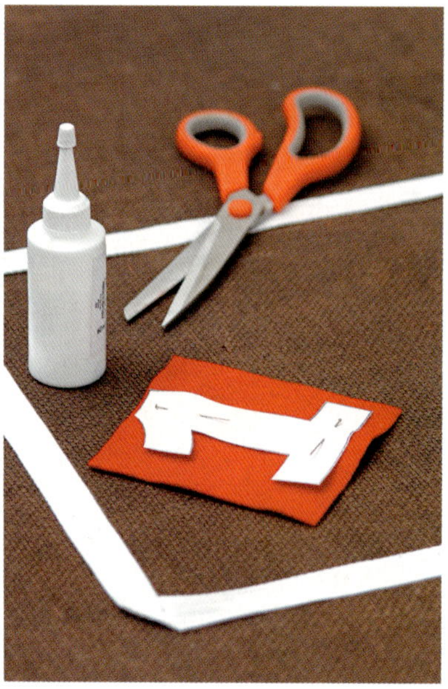

3) Schneiden Sie für die Ziffern von 1 bis 10 Papiervorlagen zu, die in der Höhe mindestens 10 cm messen. Die Vorlagen auf verschieden farbige Stücke aus Filz stecken und ausschneiden. Die Zahlen mittig in die Spielkästchen kleben. Sie mit der Nähmaschine festzunähen ist natürlich auch möglich.

4) Stellen Sie nun aus dem Stoffrest ein Bohnensäckchen her. Schneiden Sie dazu das Quadrat für vier gleiche Nähte in der Mitte durch und steppen die beiden Rechtecke an drei Kanten rechts auf rechts zusammen. Anschließend die rechte Seite nach außen wenden und das Säckchen mit getrockneten Bohnen oder Linsen füllen. Zum Schluss die verbleibende Kante sauber mit der Hand verschließen.

8
9
5
6
4
2
3
1

Backstube und Kaufladen

Kleine Köche profitieren von einer Ecke in der Küche, wo sie ihre eigenen Kreationen zusammenmischen können. Dafür ist eine flexible Arbeitsplatte ideal. Gestalten Sie die Platte doch einfach so, dass sie auch als Ladentheke zu gebrauchen ist.

Halten Sie Ausschau nach einem Untersatz, der sich leicht in eine **Minibackstube** verwandeln lässt (siehe Seite 84). Vielleicht können Sie dafür ein Schränkchen durch ein kleines Bücherregal so ergänzen, dass mehrere Fächer entstehen. Verzieren Sie die Türen und Regalbretter mit Papier, Farbe, Stoff, Bändern, Spitze oder was Sie gerade zur Hand haben. Fertigen Sie ein Ladenschild für die Minibäckerei an, indem Sie aus Stoff geschnittene Kuchen- und Tortenformen auf einen Leinwandstreifen nähen. An der Seite des Schränkchens finden Haken für Geschirrtücher, Ofenhandschuhe und Schürze Platz.

Wenn Sie die Minibackstube in Ihre Küche aufnehmen, sollten Sie auch eine Trittstufe für Ihr Kind bereitstellen, damit es in Ihren Vorratsschränken alle Zutaten zusammensuchen kann und an das Spülbecken kommt, um Ihnen beim Abwasch zu helfen.

Der gleiche Tischaufsatz kann zur Ladentheke werden – mit selbst genähten Applikationen von Obst- oder Gemüsesorten auf dem Banner. Natürlich können Sie dem Laden auch einen Namen geben und diesen mit ausgeschnittenen Filzbuchstaben auf das Banner kleben. Spendieren Sie Körbe, Tüten und ein wenig Spielgeld und schon läuft das Geschäft.

Minibackstube – So wird's gemacht

Hier geht es darum, einen Tischaufsatz anzufertigen, den Sie auf einem Kindertisch, einem Schränkchen oder der Küchenarbeitsplatte festmachen können. So bekommen die Kinder ihre eigene Arbeitsfläche oder mit anderer Beschriftung eine Ladentheke.

1) Schneiden Sie aus Stoffresten Muffins oder Törtchen zu und applizieren diese auf einen breiten weißen Stoffstreifen.

2) Säumen Sie die schmalen Seiten des Streifens, sodass gerade genug Platz zum Einstecken eines Holzstabs bleibt. Der Tunnel sollte fest um den Stab schließen, da das Banner ansonsten nach unten rutscht.

3) Messen Sie die Breite Ihres Banners aus und bohren in diesem Abstand zwei Löcher in das quadratische Holzbrett. Die unteren Enden der Stäbe in die Löcher stecken und für einen festeren Halt mit Holzleim fixieren.

Das brauchen Sie

Stoffreste
Schere
1 weißen Stoffstreifen
Nähmaschine und farblich passendes Garn
2 gleich lange dünne Holzstäbe
quadratisches Holzbrett (geringfügig kleiner als der Untersatz)
Bohrmaschine
Holzleim

Kinder finden unzählige Verwendungsmöglichkeiten für den Ententritt: im Bad beim Zähneputzen, in der Küche zum Öffnen der Vorratsschränke und in ihrem Zimmer, um ihre Siebensachen von den Regalen herunterzuangeln. Anhand der Schablone auf Seite 125 können Sie die Entenform auf Papier übertragen. Mit einer Stichsäge schneiden Sie zwei Enten aus einer Holzplatte heraus. Dann auf die Enden eines quer liegenden Holzbretts, das als Stufentritt dient, je eine Ente schrauben. Verschließen Sie die Bohrlöcher vor dem Lackieren mit Holzspachtelmasse.

Verhängte Räume

Kinder lieben es, in eine Fantasiewelt einzutauchen. Sie konstruieren Häuser, Höhlen und Verstecke mit allem, was an Decken, Kissen und Kästen in Reichweite ist. Erfinden Sie den Raum unter der Treppe, im Türrahmen oder unter dem Esstisch neu für stundenlanges versunkenes Spielen.

Der Platz unter der Treppe übt auf alle Kinder eine besondere Anziehungskraft aus. Dort ist es – mitten im Haus – heimelig und schön eng, einfach ein idealer Ort für eine prima Spielecke. Ganz gleich welches Motto Sie für Ihre Einrichtung mit Mobiliar, Spielzeug und dekorativen Elementen auswählen, der Clou ist ein nach Ihrem Motto gestalteter Vorhang, mit dem Sie das Ganze abrunden. Er kann auch in einen Türrahmen gehängt werden, wo er ebenfalls für herrliche Spielstunden sorgt. Unsere Vorschläge für ein Motto sind ein **Puppentheater,** ein **Segelboot** und ein **Haus unter dem Tisch** (siehe Seite 88, 89 und 90).

Alle drei Projekte sind mehr als einfach und Sie können sogar hier und da eine „Abkürzung“ nehmen: Wenn Ihre Kinder ungeduldig werden, improvisieren Sie mit Klebstoff, statt mit der Nähmaschine zu applizieren, oder Sie nehmen Filz statt Stoff oder schneiden den Stoff mit der Zackenschere, damit er nicht ausfranst.

Bei Weitem die schnellste Abkürzung ist der Kauf eines der zahllosen Bettbezüge mit bereits aufgedruckten Bildmotiven, zum Beispiel mit einer Weltraum- oder Märchenszene oder mit Waldtieren. Alles, was Sie dann noch zu tun haben, ist das Anbringen von Aufhängungen an der Oberkante und schon haben Sie in weniger als einer halben Stunde ein Abenteuer fix und fertig aus dem Ärmel geschüttelt.

Puppentheater im Türrahmen – So wird's gemacht

Puppentheater sind heutzutage selten geworden, dabei sind sie leicht aufgebaut und ein absoluter Hit bei Kindern, die mit großer Begeisterung ihre Lieblingsmärchen aufführen. Ebenso begeistert werden sie neue Darsteller aus Stoffresten, Perlen und Knöpfen willkommen heißen.

Das brauchen Sie

gestreiften Stoff, etwa 90 x 120 cm groß (passend zur Größe des Türrahmens)
Nähmaschine und farblich passendes Garn
Maßband
Schneiderkreide
farblich abgesetzten Stoff, etwa 1 m breit
Schere
Stecknadeln
2 Bänder für Raffhalter, je 30 cm lang
Karostoff, ca. 50 cm groß
Zackenschere
rotes Band, ca. 2 m lang
Bohrmaschine
2 Ringhaken

1) Säumen Sie alle vier Kanten des Streifenstoffs, der die Theaterfassade bilden soll. Veranschlagen Sie dabei zum Umschlagen jeweils 3 cm. Breiten Sie den Stoff aus und zeichnen mithilfe von Maßband und Schneiderkreide den „Bühnenbereich" auf. Bei unserem Beispiel befindet sich der Bühnenausschnitt 25 cm unterhalb der Stoffoberkante und 17 cm von den Seitenkanten entfernt, das ergibt eine Ausschnittgröße von 45 x 40 cm.

2) Schneiden Sie die Bühnenvorhänge aus dem andersfarbigen Stoff zu und säumen die Seiten sowie die Unterkanten. Hier messen die Vorhänge 55 x 25 cm. Stecken Sie die Oberkanten der Vorhänge auf der Rückseite der Bühnenöffnung fest und befestigen die Bänder für die Raffhalter an beiden Bühnenseiten.

3) Schneiden Sie mit der Zackenschere Dreiecke aus dem Karostoff oder nähen Miniaturversionen der Wimpelkette von Seite 54. Steppen Sie die Dreiecke an den oberen Rand des Bühnenausschnitts.

4) Als Rahmen für die Bühne stecken und nähen Sie rotes Band so um die Kanten der Öffnung, dass alle Schnittkanten der Dreiecke verdeckt werden. Binden Sie die Vorhänge mit den Raffhaltern zur Seite.

5) Zum Aufhängen des Theatervorhangs vermessen Sie zunächst die Breite des Türrahmens. Verwenden Sie das verbleibende rote Band für zwei Schlaufen und nähen je eine an die beiden oberen Ecken des Puppentheaters. Bringen Sie Ringhaken in den beiden oberen Ecken des Türrahmens an. Die Löcher dafür sollten Sie vorbohren. Zum Schluss die Schlaufen des Theatervorhangs an den Haken festbinden.

Segelbootsvorhang – So wird's gemacht

Dieser Vorhang ist der perfekte Abschluss für eine gemütliche Schiffskabine unter der Treppe oder in einer Nische. Nicht nur Jungen, sondern auch Mädchen werden sich gerne als Pirat oder Matrose verkleiden, um voll und ganz in dieser Rolle aufzugehen.

1) Breiten Sie den Grundstoff flach aus, zeichnen mit Schneiderkreide Ihren Entwurf darauf und legen fest, welche Flächen Sie mit Textilfarbe ausmalen wollen.

2) Zeichnen Sie auf die anderen Stoffe mit Schneiderkreide alle Formen auf und schneiden diese aus. Das können sein: Segel, Bootskörper, Fähnchen, Fische oder Leuchtturm. Die ausgeschnittenen Stoffteile zunächst mit Stecknadeln an ihrem Platz feststecken und dann aufnähen.

3) Schneiden Sie eine Reihe von Bullaugen aus dem Stoff heraus. Die ideale Größe dafür liegt bei 25 cm im Durchmesser. Dann aus Filz passende Ringe für die Rahmen der Bullaugen zuschneiden und aufkleben. Nach dem Trocknen mit einem Textilstift Nieten auf den Filz malen.

4) Den Fischen nähen Sie Knopfaugen an. Anschließend die einzelnen Ringe des Leuchtturms und seinen Mast ausmessen und Bänder dafür zuschneiden. Diese wieder feststecken und dann mit der Maschine aufnähen. Legen Sie ein Stück Seil in die Form eines Ankers und kleben ihn an den dafür vorgesehenen Platz.

5) Sägen Sie die Holzstange auf das Maß der Nische zu und schlagen den oberen Rand des Vorhangs so um, dass ein Tunnel für die Stange entsteht. Bohren Sie Löcher in die oberen Ecken Ihres Türrahmens und drehen Ringhaken hinein. Zum Schluss für beide Seiten der Aufhängung ein kurzes Stück Seil zur Schlaufe binden, in die Ringhaken hängen und die Vorhangstange hineinschieben.

Das brauchen Sie

Grundstoff, 140 x 200 cm groß
Schneiderkreide
Textilfarbe
Pinsel
Stoff für das Segel, 1 m lang
Stoff für das Boot, 50 cm breit
Stoff für die Fische, 25 cm breit
Schere
Stecknadeln
Nähmaschine und Garn in unterschiedlichen Farben
3 Quadrate aus farbigem Filz, je ca. 21 x 21 cm groß
Textilkleber
schwarzer Textilstift
Knöpfe
2 m Band
2 m Seil
Holzstange
Säge
Bohrmaschine
2 Ringhaken

Haus unter dem Tisch – So wird's gemacht

Nichts ist einfacher, als ein großes Bettlaken über einen Tisch zu werfen – im Handumdrehen ist darunter ein geheimes Plätzchen zum Spielen entstanden, das in der Vorstellung der Kinder zu allem Möglichen werden kann: zu einem Dschungelzelt oder einer Burg auf einer Bergspitze. Wir haben für unser Projekt ein Spielhaus ausgewählt.

Das brauchen Sie

Großes Laken oder Tuch, das Ihren Tisch vollständig bedeckt
Maßband
Schneiderkreide
Schere
Stoffreste
Zackenschere
Nähmaschine und farblich passendes Garn
Plastikfolie
Stecknadeln

1) Legen Sie die gewünschte Höhe und Breite von Tür und Fenstern fest, übertragen die Maße mit Schneiderkreide auf Ihr Tuch und trennen den Stoff heraus.

2) Schneiden Sie mit der Zackenschere aus einem Stoffrest einen Türvorhang zu. Er sollte 2 cm breiter als die Tür sein. Dann den Vorhang an die Türoberkante nähen.

3) Übertragen Sie die Fenstermaße auf Plastikfolie und schneiden die „Fensterscheiben" aus. Diese sollten etwa 4 cm größer als die Fensteröffnungen sein. Die Folien von hinten an den Fensteröffnungen feststecken und annähen.

4) Vier Vorhänge aus harmonierenden Stoffstücken abmessen und mit der Zackenschere zuschneiden. Diese von außen am oberen Rand der Fenster feststecken und vorsichtig so an das „Haus" nähen, dass die Befestigungsnaht der Kunststofffenster darunter verborgen ist. Für jeden Vorhang zwei Raffhalter nähen und an die vorgesehenen Stellen anbringen.

Für Blumenbänke unter dem Fenster schneiden Sie Streifen aus geblümtem Stoff zu und nähen diese von Hand an das „Haus". Oder Sie sammeln schöne Seidenblumen und befestigen sie mit Alleskleber.

Turnspaß für zu Hause

Viele Aktivitäten, an denen Kinder Spaß haben, sind an das eine oder andere Gerät gebunden. Während es sich in der Regel lohnt, all das da zu haben, kann die Unterbringung dieser Gegenstände schwierig sein. Zum Glück gibt es Bewegungsspiele, für die Sie nur etwas brauchen, das sich zusammenrollen und überall hin mitnehmen lässt.

Kinder brauchen regelmäßig Bewegung, ganz gleich ob es sich dabei um das Fußballspiel nach der Schule, den wöchentlichen Tanzunterricht oder eine halbe Stunde Toben im Park handelt. Neben der Förderung von Sport und Bewegung im Freien sollten Sie auch bestimmte Bereiche im Haus dafür vorsehen. Den Anfang können Sie ganz einfach machen mit einer **Aufhängung für die Sportgeräte** (siehe Seite 94). Sie werden sehen, dass die Kinder viel häufiger zu den Sportgeräten greifen, wenn diese leichter zugänglich sind.

Sie sollten sich auch bewegungsintensive Spiele ausdenken, die sich bei Wind und Wetter drinnen ausüben lassen. Sandsäcke, Matten für „Himmel und Hölle“ oder Springseile wirken Wunder bei Kindern, die viel Energie zu verbrennen haben. Alle diese Gegenstände nehmen nicht viel Platz ein und können im Kinderzimmer oder selbst im Flur zum Einsatz kommen – eine Investition, die sich lohnt.

Wenn Sie Platz für einen permanenten Fitnessraum haben, macht die Überlegung Sinn, ihn mit Kunstrasen auszulegen. Er wird von den meisten Teppichgeschäften oder in Baumärkten angeboten und ist einfach der ideale Untergrund für Balancierbalken und Kriechtunnel. Füllen Sie zusätzlich ein paar Säckchen mit Bohnen, die sich die Kinder zuwerfen können und halten eine Sammlung von Bällen und Schlägern parat.

Aufhängung für Sportgeräte – So wird's gemacht

Nutzen Sie eine Wand unter der Treppe oder im Flur zum Verstauen sperriger Sportgeräte. So haben Sie mehr Bewegungsfreiheit am Boden. Nichts liegt mehr im Weg herum und die Kinder gewöhnen sich an, dass nach der Benutzung alles wieder an seinen Platz gehört.

Das brauchen Sie

Wandfarbe
Pinsel oder Walze mit Farbwanne
Bohrmaschine
Halterungen für die Sportgeräte
Wandschrauben
Dübel
Schraubenzieher
Kreide oder Bleistift

1) Wählen Sie für die Wand, die genutzt werden soll, eine Grundfarbe aus. Legen Sie fest, wo welches Sportgerät hängen soll und schrauben an den entsprechenden Stellen Haken in die Wand. Die Löcher dafür vorbohren. Prüfen Sie vorher, ob für alle Geräte ausreichend Platz vorhanden ist.

2) Hängen Sie nun die Geräte an ihren Platz und zeichnen ihre Umrisse mit Kreide oder Bleistift nach. Nehmen Sie die Geräte wieder ab und malen die Konturen aus der freien Hand mit einer helleren Farbe aus.

3) Hängen Sie alles an den ihm zugedachten Ort zurück.

Für Bewegungsspiele im Haus können Sie im Winter oder an regnerischem Tagen einen Bereich mit Gummimatten auslegen. So wird die sportliche Betätigung Ihrer Kinder sicherer und jeder kleine Sturz wird weich abgefedert. Spontane Lösungen fürs Wochenende sind zum Beispiel eine Sprossenleiter an der Wand, eine Hängeleiter oder eine Kinderschaukel an einem Deckenbalken. Auch Garagen sind ein geeigneter Ort, manchmal sind sie sogar mit einer frei zugänglichen, tragfähigen Holzbalkendecke versehen.

Kreide sollten Sie immer in ausreichenden Mengen im Haus haben, damit die Kinder draußen auf dem Pflaster malen können: einen Parcours zum Radfahren auf dem Bürgersteig oder Kästchen für „Himmel und Hölle" auf Ihrer Einfahrt. Hinterher sind die Zeichnungen mit dem Gartenschlauch schnell weggespritzt – oder der nächste Regen erledigt das für Sie.

4 Rückzugsorte

Spielzelte

Kinder finden es spannend, sich in einem kleinen Zelt aus Laken und Decken zu verkriechen, wo sie hinter verschlossener „Tür" in das Reich der Fantasie schlüpfen und sicher sein können, dass sie hier ungestört sind, solange sie wollen.

Spielzelte können ganz unterschiedlich konstruiert sein, wie etwa das **Tipi** (siehe Seite 100), das **Hula-Hoop-Reifen-Zelt** (siehe Seite 104-105) oder das **Gartenzelt** aus dem ersten Kapitel (siehe Seite 32). Alle diese Zelte sind schnell aufgebaut und finden überall im Haus Platz – vorübergehend oder dauerhaft. Die beiden Zelte in diesem Kapitel bieten Kindern drinnen wie draußen auf erstaunlich engem Raum einen Zugang zu ihrer eigenen Spielwelt.

Für diese Spielzelte benötigen Sie gerade mal Platz in der Größe eines Couchtischs. Sie sind aber dennoch leicht vom Fleck zu bewegen. So haben sie durchaus das Zeug zum mobilen Spielzimmer, mit dem Sie Ihre Kinder beim Kochen, bei der Arbeit oder während der Hausaufgaben mit einem älteren Geschwister gut im Auge behalten können. Auch Schlafräume sind ein passender Ort für ein Spielzelt. Steuern Sie für den Boden einen weichen Teppich oder eine Bettdecke bei, damit es darin warm und gemütlich ist. Geben Sie Taschenlampen für Schattenspiele und Mitternachtspartys aus (einfach die Vorhänge schließen und schon ist es „Nacht") oder stellen Sie ein Picknick oder Teekränzchen zusammen. Ihr zusammenlegbares kleines Haus ist zu einer anderen Welt geworden, sobald Ihre Kinder ihre Lieblingssachen hineinschleppen. Auch die Freunde werden in kürzester Zeit Wind davon bekommen und mit Ihren Kindern schnell neue Rollenspiele erfinden. So ist die Beschäftigung Ihrer Rasselbande für Stunden sichergestellt.

Tipi – So wird's gemacht

Dieses im Nu errichtete Indianerzelt ist nicht nur ein Notbehelf für regnerische Tage, es erfüllt durchaus auch andere Zwecke: Es kann sowohl drinnen wie draußen aufgebaut werden (auch bei Partys als beliebter Aufenthaltsort!) und lässt sich in die Ferien oder im Sommer an den Strand mitnehmen.

Das brauchen Sie

etwa 240 x 150 cm Stoff
langes Lineal oder Maßband
Bleistift
Zackenschere oder Schere
Stecknadeln
Nähmaschine und farblich passendes Garn
1 cm breite Gummilitze, 50 cm lang
5 Holzstäbe, etwa 160 cm lang
100 cm dünnes Seil oder Schnur

1) Breiten Sie Ihren Stoff auf einer ebenen Fläche aus. Messen Sie von der linken Stoffkante aus mit einem langen Lineal oder Maßband an einer der Längskanten jeweils Abstände von 80 cm ab und markieren diese. An der gegenüberliegenden Längskante messen Sie ebenfalls von links ausgehend zunächst 40 cm ab, dann jeweils 80 cm und markieren dies wie zuvor.

2) Mit dem langen Lineal oder einem Maßband als Führung verbinden Sie die angezeichneten Punkte quer über die gesamte Stoffbreite zu einer Zickzacklinie. Sie erhalten vier spitze Dreiecke,

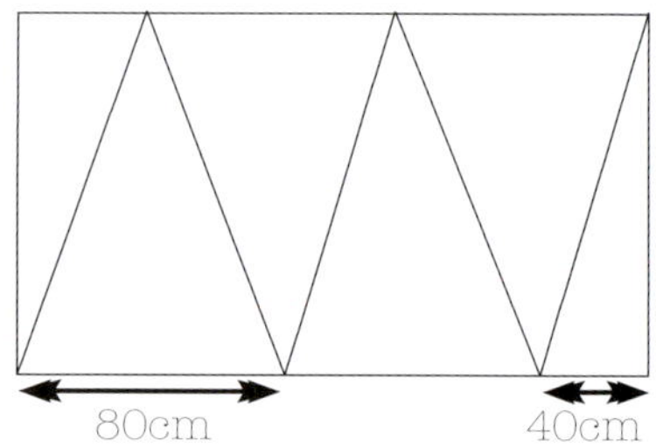

deren kurze Schenkel jeweils 80 cm messen, dazu zwei rechtwinklige Dreiecke mit einem kurzen Schenkel von 40 cm (siehe Abbildung oben).

3) Schneiden Sie die Dreiecke mit der Zackenschere entlang

der Linien aus und kappen dann die Spitzen um jeweils 7,5 cm. Anschließend die langen Seitenkanten aller Dreiecke mit

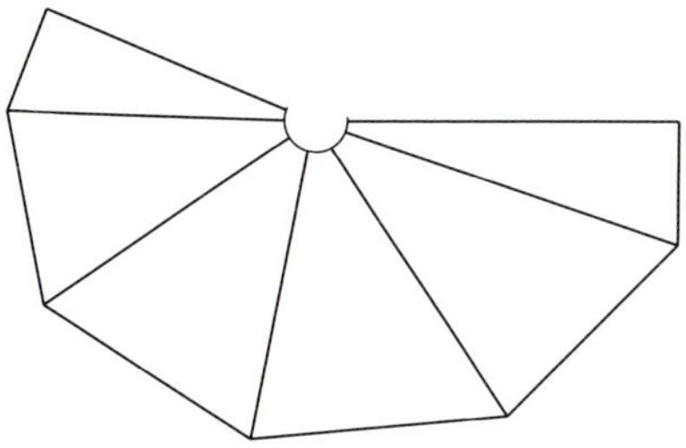

Stecknadeln zusammenstecken, Achten Sie dabei darauf, dass die kurzen Schenkel jeweils auf einer Linie liegen. Rechts und links sollte sich je eines der rechtwinkligen Dreiecke befinden.Vergewissern Sie sich, dass Sie die Stoffteile jeweils rechts auf rechts aneinandergelegt haben. Fertiggesteckt erhalten Sie nun wie oben abgebildet ein gebogenes Stoffstück.

4) Nähen Sie die Nähte mit einer Nahtzugabe von 1,5 cm zusammen. Je nach Stoff die Schnittkanten wenn nötig mit Zickzackstich absteppen, damit sie nicht ausfransen. Legen Sie die beiden kleinen äußeren Dreiecke rechts auf rechts zusammen und nähen die Kante von oben aus 20 cm zu. Zum Abschluss die restlichen offen liegenden Schnittkanten säumen.

5) Als Nächstes benötigen Sie fünf dehnbare Schlaufen, mit denen der Stoff am Boden in die Stäbe eingehängt wird. Schneiden Sie dazu die Gummilitze in fünf gleiche Teile und nähen deren Enden etwa 10 cm vom unteren Saum entfernt auf die Nahtzugaben an die Nähte.

6) An alle Tipi-Nähte von innen einen Holzstab legen und jeden durch eine der Gummischlaufen stecken. Das Tipi aufstellen und die Stäbe an der Spitze mit dünnem Seil zusammenbinden. Dabei das Seil zwischen den Stäben hindurch- und um sie herumwinden, damit sie sich weniger gegeneinander bewegen können. Zum Abbauen des Tipis einfach oben das Seil lösen, das Tipi zusammenfalten und bis zum nächsten Spieltag im Schrank verstauen.

Ein Sprossenfenster entsteht durch Heraustrennen von vier Stoffquadraten an einer der Seitenwände. Wenn Sie Zeit haben, nähen Sie noch ein kleines Rollo dazu. Sie können das Zelt auch aus einer Kombination von Streifen-, Blumen-, Punkt- oder Karostoffen zusammensetzen oder einfach aus einem einfarbigen Stoff oder aus Plane und sich das Dekorieren für später aufheben.

Alle haben Spaß daran, das Tipi mit Wimpeln, Bändern, Glitzerkleber, Stofffarbe, Kartoffeldruck oder vielleicht auch Handabdrücken zu verschönern. Nähen Sie Dreiecke aus Stoffresten an eine Schnur und winden diese um die Stäbe des Tipis oder hängen Sie die Wimpelketten im Garten auf, das sieht lustig aus und ist farbenfroh.

Hängezelt am Hula-Hoop-Reifen – So wird's gemacht

Dieses Zelt ist ganz fix aus einem schlichten Bettlaken zusammengesetzt. Richtig Spaß haben Sie dann beim Dekorieren als fantasievolles Märchenschloss oder mittelalterlichen Burgturm. Eine Matte, ein Kissen oder etwas anderes Weiches zum Sitzen sollten Sie allerdings unbedingt mitliefern.

Das brauchen Sie

- Bettlaken oder Ähnliches, etwa 230 x 260 cm groß
- Maßband
- Nähmaschine und farblich passendes Garn
- große Sicherheitsnadel
- biegsames Seil bzw. Kordel für den Durchzug, 1 cm dick
- Bambusreifen, Ø etwa 65 cm
- 4 gleich lange Schnüre oder Bänder, etwa 50 cm
- Deckenhaken

1) Breiten Sie das Betttuch aus und schlagen die (schmale) Oberkante 10 cm breit ein, sodass sich ein Tunnel ergibt. Die Breite des Umschlags können Sie je nach Schnur oder Kordel anpassen. Achten Sie lediglich darauf, dass die Zugschnur innerhalb des Tunnels freies Spiel hat, damit sich der Stoff leicht raffen lässt. Bügeln Sie den Umschlag flach und steppen die Naht parallel zur Schnittkante.

2) Das Schöne an einem fertigen Bettlaken ist die bereits gesäumte Kante, das spart Zeit. Wenn Sie einen anderen Stoff verwenden wollen, säumen Sie die beiden Seiten- sowie die Unterkante ringsum etwa 8 cm breit. So hängt der Stoff nach der Fertigstellung glatt.

3) Befestigen Sie an einem Ende Ihrer Durchzugsschnur eine Sicherheitsnadel und ziehen die Schnur damit durch den Tunnel. Nun kommt die Aufhängung an

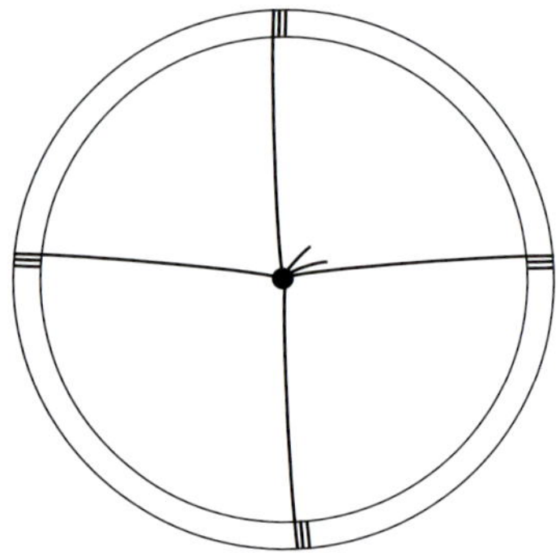

die Reihe: Binden Sie die vier dafür vorgesehenen Schnüre oder Bänder in gleichen Abständen an den Hula-Hoop-Reifen (siehe Abbildung.) Die losen Enden in der Mitte des Reifens zusammennehmen und einen festen Knoten binden. Anschließend kann der Reifen an einem Haken aufgehängt werden.

4) Ziehen Sie die Zugschnur des Zelts zusammen. Lassen Sie jedoch oben in der Mitte einen offenen Kreis von etwa 20 cm und drapieren das Tuch so über den Reifen, dass es gut hängt. Dazu heben Sie den Reifen am besten mit einer Hand an den Schnüren an und arrangieren mit der anderen den Stoff. Drehen Sie das Zelt so, dass die Öffnung oder „Tür" in die vorgesehene Richtung zeigt.

5) Schrauben Sie einen Haken in die Decke und hängen daran den Hula-Hoop-Reifen mitsamt dem Zelt auf. Zum Schluss den Stofffall korrigieren.

Dekorieren Sie Ihr Hängezelt mit Stofffarbe, Filzmotiven, Knöpfen oder Muscheln – kurzum mit allem, was Ihr Herz begehrt, und überlassen es dem Einfallsreichtum Ihrer Kinder, ihre eigenen Verschönerungen vorzunehmen.

Applizieren Sie Einstecktaschen auf die Außen- oder Innenseite des Zelts zum Unterbringen von Plüschtieren, Büchern, Gesellschaftsspielen, Puppenkleidern oder allem, was beim Spielen nicht fehlen darf.

Schneiden Sie Fenster in die „Wände". Ganz gleich ob runde, quadratische oder lange schmale für einen imaginären Burgturm. Alle sind gut, doch der Trick dabei ist, sie eher klein zu halten, damit nicht der gesamte Stoffbehang auseinanderklafft oder durchhängt.

Nähen Sie Bänder an beide Seiten der Türöffnung. So können Ihre Kinder die „Tür" mit Schleifen verschließen, wenn sie sich zurückziehen oder es im Zelt dunkel haben wollen.

Spielparadies

Ein gut ausgestatteter Spielbereich erhält mit einem Spieltisch die perfekte ebene Fläche zum Malen und Zeichnen, für Puzzles oder Brettspiele. Angefangenes kann so tagelang liegen bleiben, ohne dass etwas durcheinander gebracht wird oder kaputt geht.

Es ist schon eine echte Herausforderung, Puzzleteile beieinander und das Interesse der Kinder an Brettspielen wach zu halten. In unserem „Spielkasino" hat alles seinen Platz und ist auf einen Blick zu finden. So kommen die nicht gerade billigen Spiele garantiert öfter zum Einsatz. Der gewissermaßen als Werkbank eingesetzte **Spieltisch** bildet den Mittelpunkt dieses Spielparadieses. Er dient gleichzeitig noch für Forschungsexperimente, Holzarbeiten, Pappmaché oder zum Töpfern und Nähen. Auch die elektrische Eisenbahn braucht einen sauberen Platz, an dem sie voll zur Geltung kommen kann, und unser Spieltisch ist eine prima Alternative zum Fußboden.

Sie können ein solches Spielparadies an das Ende Ihres Flurs, in eine Küchenecke oder sogar nach draußen in die Garage verlegen. Der Tisch lässt sich bei knappen Platzverhältnissen an die Wand klappen, sobald er nicht gebraucht wird. Nutzen Sie auch im vollen Umfang den Wandbereich über dem Tisch: Bringen Sie dort am besten eine Stecktafel an mit Haltern für Ablagebretter, Schachteln und Spiele. Stecken Sie die Stifte einfach um, wenn neue Spielkästen und Schachteln dazukommen. So lässt sich absolut alles in jeglicher Form und Größe an der Wand aufreihen. Neben gekauften Spielen können Sie das eine oder andere selbst anfertigen und dabei ganz neue Erfindungen umsetzen – wie etwa die **Tischdecke für Schlangen und Leitern** (siehe Seite 109).

Y Z 1 2 3 4
S T U V W X
M N O P Q R
G H I J K L
A B C D E F

Spieltisch – So wird's gemacht

Am besten nehmen Sie dafür einen aufgebockten Tisch. Als Spiel eignet sich jedes Brettspiel, wahlweise aufgemalt oder mit Papier aufgeklebt. Dekorieren Sie nur die Hälfte in der Découpage-Technik, wenn Sie die Platte daneben auch zum Nähen oder Modellieren von Ton verwenden wollen.

Das brauchen Sie

Tischplatte und Holzböcke
Bleistift
Lineal
Dekopapier
Schere
Alleskleber
Klarlack
Sandpapier
Bohrmaschine
2 robuste Scharniere mit Schrauben
Schraubenzieher
kurzes Seil

1) Zeichnen Sie die Spielfelder der ausgewählten Brettspiele mit Bleistift auf die Tischplatte. Messen Sie mit dem Lineal alle Maße genau nach und überprüfen Ihren Entwurf. Schneiden Sie alle Details der Spielfelder aus Dekopapier zu und kleben es auf.

2) Wenn alle Spielfelder vollständig sind, lackieren Sie die Fläche zweimal. Die erste Schicht sollte aber erst richtig durchtrocknen. Für eine absolut glatte Oberfläche schleifen Sie sie vor dem Auftragen der zweiten Schicht mit feinem Sandpapier ab. Als Variante dazu können Sie die Spielfelder auch mit Acrylfarbe aufmalen.

3) Der Tisch ist zur festen Installation an der Wand gedacht, kann aber heruntergeklappt werden, wenn er nicht im Einsatz ist. Schrauben Sie dafür zwei robuste Scharniere an eine Längskante der Tischplatte. Anschließend bekommt der Tisch noch einen Griff, an dem Sie ihn leichter hochziehen können. Bohren Sie dafür in der Mitte der gegenüberliegenden Längskante zwei Löcher durch die Platte. Das Seil durchziehen und auf beiden Seiten verknoten. Zum Schluss die Tischplatte an der gewünschten Stelle an die Wand schrauben.

Tischdecke für Schlangen und Leitern – So wird's gemacht

Verwenden Sie dafür am besten einen Karostoff. So ergeben sich automatisch die Kästchen für „Schlangen und Leitern" und es fehlen nur noch ein großer Würfel und die Spielsteine. Wenn Sie das Spielfeld in die Mitte eines großen Bettlakens nähen, haben die Kinder gleich noch eine Unterlage zum Sitzen, wenn sie im Freien spielen.

1) Markieren Sie von der linken unteren Ecke aus die Umrisse des Spielfelds mit Schneiderkreide auf dem Karostoff. Unser Projekt hat 11 x 13 Felder und misst 57 x 64 cm. Jedes Kästchen misst 5 cm im Quadrat.

2) Stellen Sie Ihre Nähmaschine auf engen Zickzackstich oder falls vorhanden Satinstich und steppen den Umriss mit einem zum Stoff kontrastierenden Garn. Orientieren Sie sich dabei an den Kreidelinien. Mit einem Textilstift nummerieren Sie anschließend alle Kästchen in der untersten Reihe von links nach rechts, in der nächsten von rechts nach links und so weiter, um die Richtung des Spiels vorzugeben.

3) Schneiden Sie aus Filz vier Schlangen zu. Ihre Länge ist jeweils davon abhängig, wie viele Quadrate Sie damit verbinden wollen. Es sollten lange und kurze dabei sein. Konstruieren Sie mit dem schmalen Band vier Leitern, wieder in unterschiedlichen Längen. Legen Sie die Schlangen und Leitern auf dem Spielfeld aus und steppen sie auf den Stoff.

4) Schneiden Sie zum Schluss den Karostoff mit einem Rand zu, schlagen diesen unter und nähen das Ganze auf ein Tuch, das groß genug ist, um Ihren Tisch zu bedecken.

Das brauchen Sie

Schneiderkreide
Karostoff mit mindestens 36 Quadraten
Nähmaschine und Garn in einer Kontrastfarbe
Textilstift
großes Filzquadrat
Schere
schmales Band, etwa 200 cm lang
Bettlaken oder Ähnliches, etwa 230 x 260 cm groß

Angemalte Keksdosen aus Metall sind wunderbare Behälter zum Aufbewahren von Puzzleteilen, Spielsteinen, Würfeln oder Dominosteinen.

Ein Tapeziertisch ist leicht auf- und wieder abgebaut und leistet bei Gesellschaftsspielen oder Kinderfesten gute Dienste. Stellen Sie den Tisch im Sommer mit einer Plastiktischdecke auf dem Rasen auf und nutzen ihn für das Partybuffet oder für Unternehmungen, bei denen es auch einmal schmuddelig zugehen darf, wie etwa beim Töpfern oder Malen.

Hausaufgabenplatz

Der Platz für die Hausaufgaben sollte ansprechend und funktional zugleich sein. Am einfachsten ist Ordnung zu halten, wenn sowohl genügend Ablagefläche für Bücher, Hefte und Schreibzeug da ist, als auch eine vernünftige Arbeitsfläche und zudem – in erreichbarer Höhe – eine Pinnwand.

Arbeitsplätze aus einzelnen Grundelementen (siehe Seite 112) lassen sich im Schlafraum oder Arbeitszimmer ohne große Mühe einfach mal in eine andere Ecke räumen. Wenn das Kind älter wird, können Sie die einzelnen Teile anders zusammenstellen, zum Beispiel um sie zusätzlich für ein anderes Kind zu nutzen, etwa für den Klappschrank aus Kapitel 3 oder als Regal. Vergrößern oder verkleinern Sie nach dem gleichen Prinzip den Schreibtisch, wenn er für zwei Kinder gedacht ist oder unter ein Hochbett passen soll.

Gehen Sie dieses Projekt zusammen mit Ihrem Kind an, denn es soll ja dort bequem sitzen und gerne seine Hausaufgaben machen. Verschönern Sie den Platz obendrein mit einem Wandtattoo und kümmern sich um eine verstellbare Arbeitslampe sowie eine rückengerechte Sitzgelegenheit.

Der Arbeitsplatz erhält seine persönliche Note durch eine **dekorative Pinnwand**, die aus Malerleinwand, einer Magnettafel oder aus Korktafeln bestehen kann (siehe Seite 113). Ermuntern Sie Ihr Kind, daran Bilder, Zeichnungen, Schmuck und andere Schätze zu stecken und so die Wand mit all dem zu versehen, was ihm lieb und teuer ist.

Arbeitsplatz im Handumdrehen– So wird's gemacht

Dies ist das einfachste aller Schreibtischmodelle: schnell aus fertigen Kästen zusammengestellt, die in Baumärkten oder Möbelhäusern erhältlich sind. Beim Einrichten eines solchen Arbeitsplatzes können Sie Ihrer Kreativität freien Lauf lassen. Am meisten Spaß macht das Zusammenbauen, wenn die Kinder beim Anmalen helfen.

Das brauchen Sie

4 gekaufte Kästen
Maßband
Tischplatte
Seidenmattlack
Pinsel
Bohrmaschine
Schrauben
Schraubenzieher
Holzkitt

1) Die Kästen jeweils paarweise aufeinanderstapeln. Die Tischplatte wird anschließend quer darübergelegt. Zwischen den Kästen sollten Sie genügend Raum für einen Stuhl lassen – etwa 150 cm. Addieren Sie dies zu der Breite von zwei Kästen hinzu. So erhalten Sie die erforderliche Länge der Tischplatte.

2) Streichen Sie die Kästen zur Einrichtung passend an. Dabei können Sie beispielsweise die Sichtkanten und die Seitenwände in unterschiedlichen Farben gestalten. Ihrer Fantasie sind keine Grenzen gesetzt. Während die Farbe trocknet, streichen Sie die Tischplatte. Anschließend alles über Nacht durchtrocknen lassen.

3) Zum Zusammenbauen des Schreibtischs stapeln Sie einfach jeweils zwei Kästen übereinander. Sie halten später die Tischplatte in ihrer Position. Damit das Ganze stabil wird, schrauben Sie die Tischplatte am besten an. Die Löcher dafür vorbohren. Die Schrauben versenken, mit Holzkitt kaschieren und anschließend mit der Anstrichfarbe überdecken.

Suchen Sie für ein Wandtattoo besonders hübsche Schablonen aus. Die Buchstaben des Alphabets und die Zahlen von eins bis neun sind hier gute pädagogische Hilfsmittel, um eine ganz auf das Lernen ausgerichtete Umgebung zu schaffen. Dafür sollten Sie aber eher einen gedämpften Farbton auswählen, damit das Tattoo nicht zu sehr mit anderen Teilen Ihres Designs konkurriert.

Dekorative Pinnwand – So wird's gemacht

Pinnwände machen einfach Laune und sind zugleich der geeignete Ort für den Stundenplan oder die Erinnerung an einen wichtigen Termin. Zum Anpinnen eignen sich all die kleinen Dinge, deren Anblick Kinderherzen höher schlagen lassen.

1) Legen Sie Ihre Pinnwand auf den Boden. Unterteilen Sie die gesamte Fläche mit hübschen Bändern und fixieren diese mit Reißzwecken oder einer Heftpistole. So können Sie die Pinnwand fein säuberlich in mehrere Felder unterteilen. Hinter die Bänder lassen sich zudem Fotos oder Einladungen stecken. Die Unterteilung können Sie in parallelen Linien oder auch kreuz und quer vornehmen, was allerdings eine ganz andere visuelle Wirkung hat.

Das brauchen Sie

auf einen Rahmen gespannte Malerleinwand oder fertige Pinnwand in passender Größe

viele hübsche Bänder

Reißzwecken oder Heftpistole

Sehr effizient ist ein System aus Klemmbrettern. Bringen Sie dazu an den Oberkanten der Klemmbretter Bilderrahmenklammern an und hängen sie an einer Wandschiene auf. Jedes Brett kann für einen Tag der Woche stehen und die anstehenden Tätigkeiten entweder auflisten oder durch ein lustiges Symbol kennzeichnen, zum Beispiel: eine Triangel für den Musikunterricht oder eine Taucherbrille für das Schwimmen. Ihre Kinder verstehen diese Symbole und werden bald die Verantwortung für ihre Aktivitäten selbst übernehmen.

Wasserspielplatz

Mit Wasser zu spielen ist herrlich für Kinder und sie können noch viel dabei lernen. Dabei müssen Wasserspiele gar nicht auf die Badezeit beschränkt bleiben. Je mehr es spritzt, desto besser! Deshalb sind heiße Tage, wenn den Kindern eine Abkühlung guttut, einfach ideal. Aber es gibt auch jede Menge Spiele für allerlei Wasserspaß im Haus.

Das Ding mit den Farben. Stellen Sie zwei oder drei Schüsseln auf einen Tisch und geben in jede ein paar Tropfen einer anderen Lebensmittelfarbe. Lassen Sie die Kinder das Wasser langsam verrühren und beobachten Sie, welch faszinierende Muster sich dabei ergeben! Ist das Wasser vollständig gefärbt, kippen Sie einfach verschiedene Farben zusammen, um daraus ganz neue zu mixen!

Fische angeln. Beobachten Sie, welche Fortschritte Ihre Kleinen mit der Koordination von Sehen und Greifen machen, wenn es darum geht, einen Fisch an die Angel zu bekommen. Stellen Sie einen zweiten Eimer für alle Fänge dazu und zählen am Ende den Erfolg des kleinen Anglers.

So sind die Fische schnell gemacht: Schneiden Sie die Fischkörper aus bunten Plastikheftblättern zu. Stanzen Sie mit dem Locher ein Auge, stecken eine Büroklammer aus Metall hindurch und legen den Fisch in eine Schüssel mit Wasser. Die Angel ist leicht gebaut aus einer Stange und einem Stück Schnur, deren Ende Sie fest um einen Magneten knoten.

Manschen und Plantschen. Stellen Sie eine Schale auf einen niedrigen Tisch und dazu Kunststoffbecher, Löffel und Schüsselchen. Nach und nach können Sie dann zu Schwämmen, Schneebesen und allem, was sich die Kinder aus Ihrer Backschublade wünschen, übergehen. Ältere Kinder lieben Plastikspritzen, Messbecher und Trichter. Für Spiele wie diese bringt es manchmal doch etwas, das eine oder andere Teil aus dem großen, weiten Plastikmeer, das Kinder im Laufe der Jahre so um sich herum versammeln, aufzubewahren.

Die große Wäsche kleiner Puppenkleider kann mehrere Stunden ernsthaften Spielens bedeuten. Je mehr Schaum, desto größer ist der Spaß! Das Aufhängen mit Wäscheklammern ist eine hervorragende motorische Koordinationsübung. Spannen Sie die Wäscheleine dafür zwischen zwei Stühlen (das funktioniert auch im Garten sehr gut) oder in erreichbarer Höhe über der Badewanne. So kann das herauslaufende Wasser nicht auf den Boden tropfen.

Bötchenrennen. Falten Sie Schiffchen aus Papierquadraten, die die Kinder anmalen können, um ihr eigenes wiederzuerkennen. Dann veranstalten Sie in einer großen Waschschüssel ein lustiges Bootsrennen. Die Kinder können die Schiffchen übers Wasser pusten oder durch Wellenschlagen ins Ziel befördern. Machen Sie sich dabei auf viel verspritztes Wasser gefasst!

Seifenblasen. Wenn man durch einen Strohhalm oder ein Plastikröhrchen ins Wasser bläst, gibt das Blasen und die eigenartigsten Geräusche. Durch Zusatz von Schaumbad oder Geschirrspülmittel können Sie die Kinder mit dem Schneebesen Wasser zu Schaum schlagen lassen.

Kuschelecke

Sie braucht gar kein fester Bestandteil eines Zimmers zu sein. Nur für die Wintermonate eingerichtet, sorgt sie im Nu an einem sonnigen Platz für eine gemütliche Leseecke oder ein warmes Fleckchen zum Ausruhen.

Hier haben wir schlicht und einfach weiche Matratzen und Kissen versammelt und aus ihnen ein behagliches Nest gebaut, das für ein Wochenende, eine Woche oder länger liegen bleiben kann. Wählen Sie dafür Stoffe und Farben mit einer ruhigen Ausstrahlung aus und schaffen mit vielen Büchern und einem bequemen Sessel obendrein oder einer **Polsterfläche** (siehe Seite 121) eine wahre Bücherinsel-Atmosphäre.

Dies ist ein Projekt, bei dem die Kinder wunderbar mithelfen können. Suchen Sie die Kissen mit ihnen zusammen aus und überlassen ihnen das Zurechtschneiden der dekorativen Schneeflocken für die Fenster.

Sitzecken am Fenster (siehe Seite 118) sind in einem Erker ideal, aber genauso einfach herzurichten, wenn Ihre Fenster bis zum Boden reichen. Ist dies nicht der Fall, tut es auch eine normale Sitzbank mit Kissen. Je nach vorhandenem Platz können Sie sogar für jedes Kind noch einen **Sitzsack** dazustellen (siehe Seite 120).

Gemütliche Sitzecke – So wird's gemacht

Mit diesem gemütlichen Sitzplatz am Fenster können Sie die Ecke eines sonnigen Zimmers richtig nutzen. Er besteht einfach aus einer mit strapazierfähigem Stoff bezogenen schmalen Matratze. Verteilen Sie darauf noch ein paar Kissen und schon kann Ihr Kind das Faulenzen voll auskosten.

Das brauchen Sie

1 schmale Matratze
Möbelbezugsstoff
viele Kissen
Holzkisten

1) Beziehen Sie die Matratze mit strapazierfähigem Polsterstoff. Er sollte leicht wieder abnehmbar und vollständig waschbar sein.

2) Schaffen Sie mit zwei zusammengebundenen quadratischen Polsterkissen oder einem größeren, ebenfalls bezogenen Kissen eine hohe Rückenlehne.

3) Legen Sie hier und da noch ein Flauschkissen dazu und stellen Holzkisten auf, die am Tag als Tisch dienen und am Abend für Ordnung sorgen.

Papierschneeflocken am Fenster sind eine schöne Beschäftigung für Kinder. Dazu können Sie festes Papier oder Seidenpapier verwenden. Falten Sie das Papier einfach zweimal, halten es an der eingefalteten Ecke fest und schneiden darum herum einen Viertelkreis. Flach auseinandergefaltet erhalten Sie einen ganzen Kreis. Falten Sie ihn wieder ein – erst zum Halbkreis, dann zum Viertelkreis und schließlich zum Achtelkreis. Schneiden Sie in die Falzränder Muster hinein. Danach ganz vorsichtig auffalten, das Papier sollte dabei nicht reißen! Und schon halten Sie eine gemusterte Schneeflocke in der Hand. Kleben Sie mehrere davon ans Fenster und erfreuen sich an dem schönen Anblick!

Ganz wichtig ist Stauraum in einer Kuschelecke. Verwenden Sie Weinkisten oder irgendeine andere Art von Holzkiste. Mit einem Anstrich in kräftigen Farben sind sie hervorragend geeignet zum Verstauen von Büchern, CDs oder zusätzlichen Decken.

Sitzsack mit Namenszug – So wird's gemacht

Ein Sitzsack lässt sich leicht bewegen und ist so überall eine praktische Ergänzung. Wenn er zudem noch den Namen Ihres Kindes trägt, wird er garantiert gern genutzt.

Das brauchen Sie

Jeansstoff, 150 x 150 cm groß
Maßband
Schneiderkreide
Schere
Nähmaschine und passendes Garn
Stecknadeln
Stoffreste
Deko-Vlies (doppelseitig beschichtet; ausreichend groß für den Namen des Kindes)
3 kg Styroporkügelchen

1) Orientieren Sie sich beim Zuschnitt an der Abbildung unten und schneiden aus dem Jeansstoff folgende Teile zu: vier Seitenteile, eine Tasche, jeweils einen Kreis für die Sitzfläche und den Boden. Letzteren zerschneiden Sie in zwei Hälften (siehe unten).

2) Säumen Sie die Ränder der Tasche, stecken sie 18 cm von der Unterkante entfernt an einem der Seitenteile fest und steppen sie anschließend.

3) Legen Sie die Größe der Buchstaben für den Kindernamen fest. Sie können aus der freien Hand auf Papier gezeichnet oder auch am Computer bearbeitet werden. Verwenden Sie den Ausdruck anschließend als Schnittvorlage.

4) Bügeln Sie Deko-Vlies (nach den Angaben des Herstellers) auf die linke Seite eines Stoffstücks. Stecken Sie Ihre (ausgedruckte) Vorlage auf die rechte Stoffseite und schneiden die Buchstaben sauber aus. Ziehen Sie nun das Trägerpapier des Deko-Vlieses ab und legen die Buchstaben mit einem Abstand von 25 cm zur Unterkante auf das zweite Seitenteil. Die Buchstaben aufbügeln, ihre Ränder mit engem Zickzackstich umsteppen und erneut bügeln.

5) Die vier Seitenteile zusammenstecken und -nähen. Den kleinen Kreis an die Oberkante des Sacks stecken und einnähen. Die Hälften des großen Kreises rechts auf rechts an die Unterkante des Sacks stecken und ebenfalls annähen. Dabei in der Mittelnaht eine 8 cm lange Öffnung zum Befüllen lassen.

6) Füllen Sie den Sack zu drei Vierteln mit Styroporkügelchen und schließen dann die Öffnung in der Mittelnaht.

A)

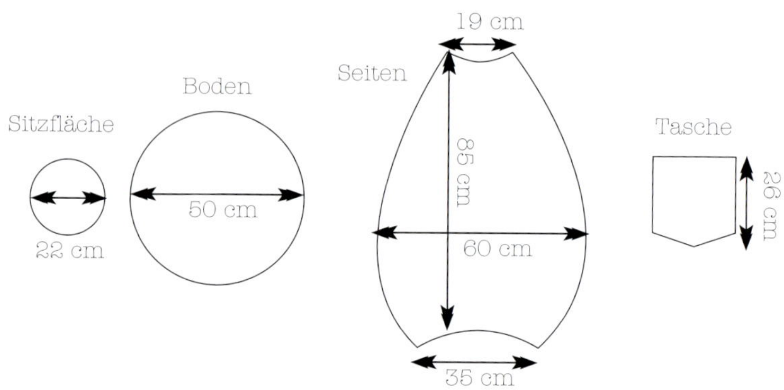

Bequeme Polsterfläche – So wird's gemacht

Diese Polsterfläche ist die perfekte weiche Unterlage zum Lesen und für alles, was sich bei Kindern so gerne auf dem Fußboden abspielt. Einzelne Polster sind dabei eine platzsparende Alternative zu einer Matratze. Sie lassen sich viel leichter hin und her oder ganz wegräumen.

1) Um die Polster zusammenbinden zu können, benötigen Sie für jedes vier Bänder von 28 cm Länge. Nähen Sie mit der Hand an jede der vier Polsterecken ein Band und fügen die Kissen zu einem „Bett" aus vier doppelt gelegten Polstern zusammen.

2) Für einen Polstersitz im Futonstil stellen Sie die Polster so auf, dass eine Hälfte gegen eine Wand gelehnt ist und die andere am Boden die Sitzfläche bildet.

Das brauchen Sie

8 große quadratische Polsterkissen
Bänder in zusammenpassenden Farben, 9 m lang
Schere
Nähnadel und passendes Nähgarn

Einzelne Polsterkissen lassen sich für kleine Kinder schnell zu einem Ersatzbett zusammenbinden. Ein andermal kommen sie wieder voneinander getrennt auf Stühlen zum Einsatz oder sind, wenn sie gar nicht gebraucht werden, in null Komma nichts gestapelt und im Schrank verstaut.

Vorlagen

100%
Seite 56

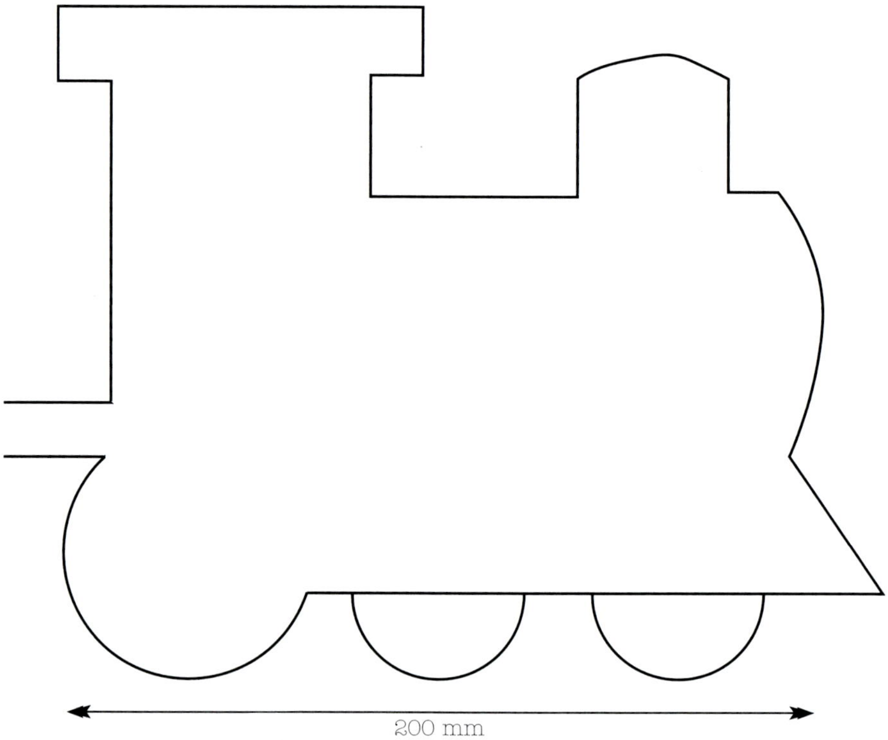

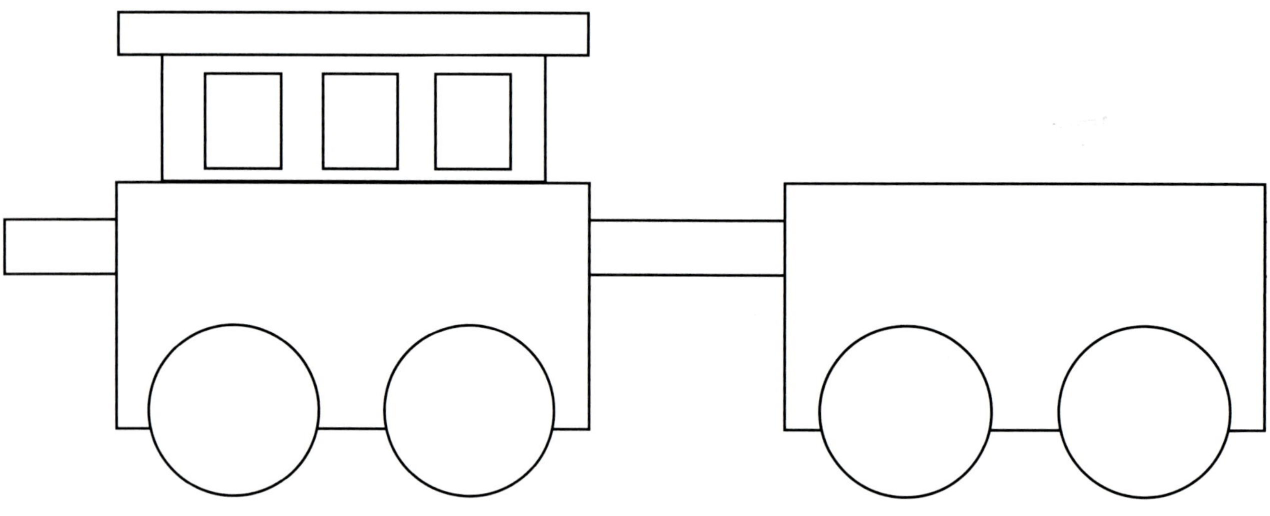

100%
Seite 64

100%
Seite 15

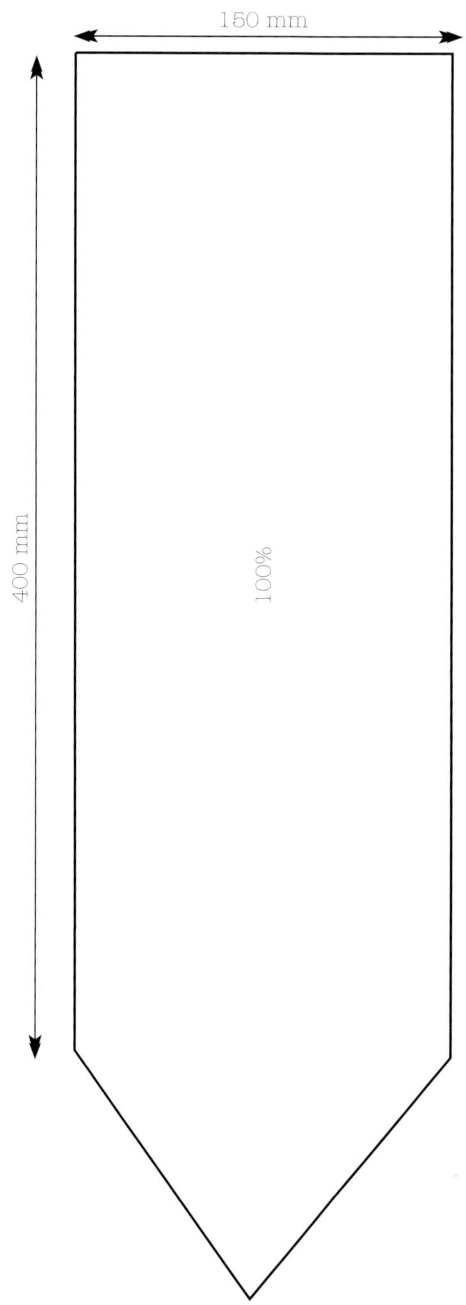

50%
Seite 85

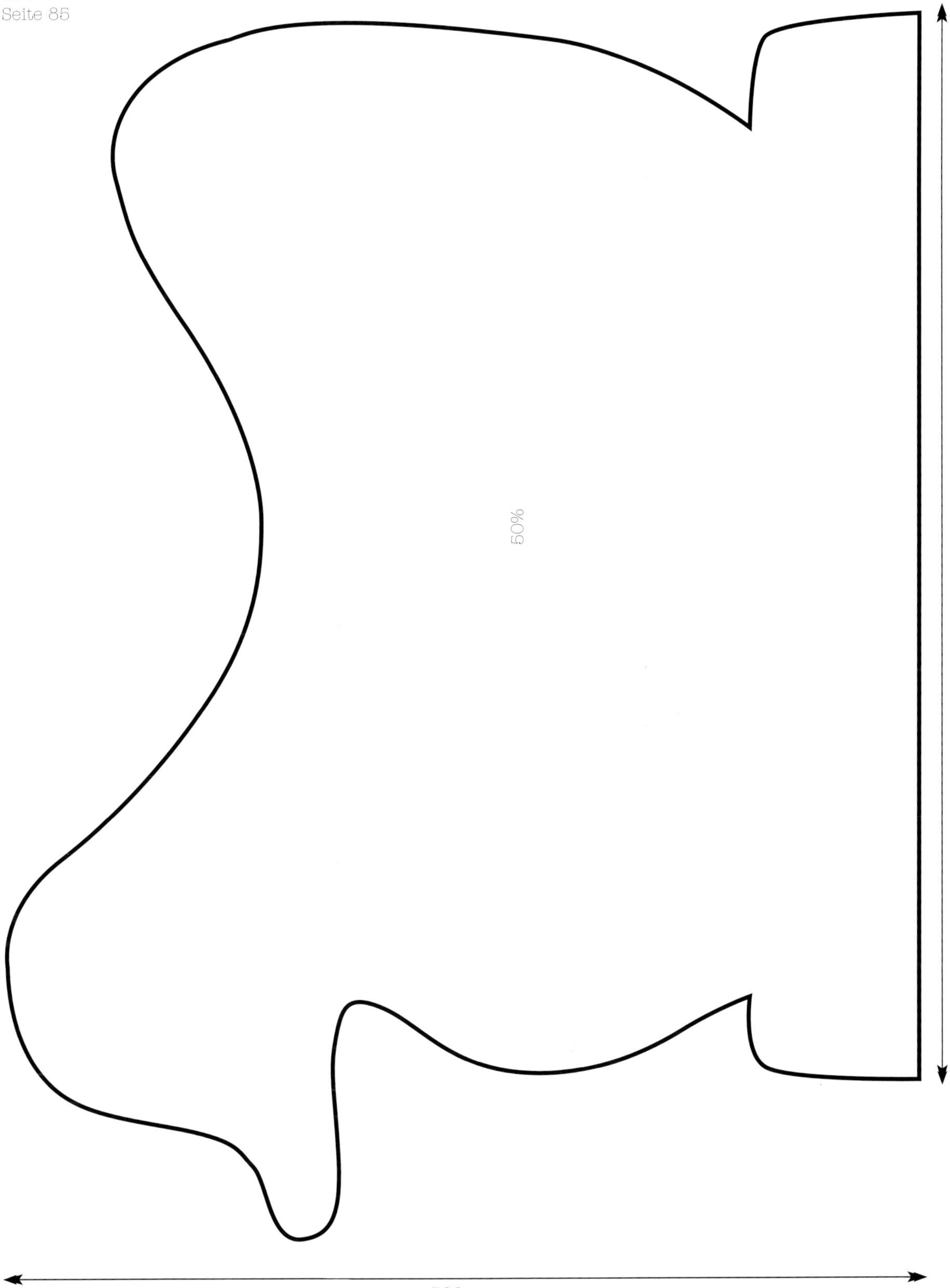

Index

Danksagung

Mein herzlicher Dank geht an Katy Denny vom Verlag Hamlyn, die den Sprung ins kalte Wasser gewagt und Vertrauen in meine kreativen Fähigkeiten gesetzt hat. Mein Buch kam nach nur einem Treffen mit ihr und vielen transatlantischen E-Mails zustande! Ich möchte auch ihrem Team danken für die wirklich sehenswerte Gestaltung von *Raum für Kinder.*

Zutiefst dankbar bin ich den Familien meiner Freunde, in deren Häusern und Privaträumen fotografiert werden durfte. Ohne ihre wunderbaren Kinder, die darin spielen, wäre es allerdings unmöglich gewesen, den Lebensgeist dieser „Spielräume" einzufangen.

Dank an Lindsay Nagel für ihren herrlichen Garten, an ihre Kinder Sandra und Ross sowie an deren Freunde Miles, Luke und Rosanna. An Nicola Lapid und ihre Tochter Ruby sowie Rosita Roberts für die Aufnahmen vom Baumhaus und an Dennis Buckland für das Klettern im Baum. Lauren Bauer dafür, dass ich an ihrer Ladenwand das interaktive Wandbild anbringen und ihr schönes Haus nutzen durfte. Dank an ihre Kinder Ben und Ella, die tolle kleine Models waren, sowie an Noeleen van der Leek mit Alexander und Julia für ihre Musikperformance, an Robyn Snyman für die Bilder von Aiden und dem Tipi, an Colleen Doyle für das ihres Kinderzimmers mit ihren Töchtern Bianca und Julia. Alex und Troy, Elihle, Ayla, Noah, Jordan und seiner Schwester Kirsty ein Dank dafür, dass sie so gerne für meine Fotos gespielt haben! Danke auch an Annette und Judith für ihre Hilfe beim Restaurieren des Zauberspiel-Klappschranks.

Ich danke auch meiner Tochter Georgia, die natürlich viele Male in diesem Buch zu sehen ist. Sie ist mein Leben, meine Muse und mein Boss in einem.

Dank an meine Lieblingsfotografen Warren Heath, an Anton de Beer und Brooke Fasani, mit deren Hilfe es gelungen ist, meine Ideen auf das Papier zu bannen. Warren, der selbst vor Kurzem Vater geworden ist und die meisten Bilder geschossen hat, verstand es, das Spielen der Kinder so natürlich und schön ins rechte Licht zu rücken.

Danke auch an Michelle Snaddon, die stets die passenden Worte zu meinen „Spielräumen" gefunden und die detailgenauen Erläuterungen zu „So wird's gemacht" verfasst hat. Ihre praktische Erfahrung und ihre Anregungen waren für mich von unschätzbarem Wert. Michelle veröffentlicht seit 15 Jahren in Büchern und Wohnmagazinen. Sie hat selbst zwei wunderbare Kinder und ist eine ebenso kreative Mutter wie ich!

Und – last but not least – einen Dank an meine Mutter Annette, die mir bei den Entwürfen für alle meine Gestaltungsideen, beim Nähen, Malen und Zusammenkleben geholfen hat. Und ein noch größeres Dankeschön für ihre Hilfe bei den Aufnahmen: das war wirklich ein hartes Stück Arbeit! Doch jede Minute davon war es wert, denn das Ergebnis sind diese großartig gelungenen Fotos für mein Buch.

www.samscarborough.com

BILDNACHWEISE

© Octopus Publishing Group Limited/Anton de Beer 10, 16–21, 24–34, 46 unten, 47 oben und Mitte, 55 unten, 58–60, 70 oben, 78, 80, 86 Mitte, 88 unten, 95 unten, 104, 105, 108 rechts, 109 links; / Brooke Fasani 1–3, 7, 22–23, 42–45, 49, 97–103, 114; /Warren Heath 4, 5, 11–15, 36–41, 46 oben und Mitte, 47 unten, 48, 50–54, 55 oben, 56–57, 61–67, 70 Mitte und rechts, 71–77, 79, 81–85, 86 links und rechts, 88 oben, 89–94, 95 oben, 106–107, 108 oben und links, 109 oben, 110–113, 116–121.